KB246910

믿음이 부자를 만든다

믿음이 부자를 만든다

잠든 부의 씨앗을 깨우는 하루 20분의 기적

초 판 1쇄 2026년 01월 26일

지은이 김진호, 김범연
펴낸이 류종렬

펴낸곳 미다스북스
본부장 임종익
편집장 이다경, 김가영
디자인 임인영, 윤가희, 윤영빈
책임진행 이예나, 안채원, 김은진, 국소리, 송가희, 이지영

등록 2001년 3월 21일 제2001-000040호
주소 서울시 마포구 양화로 133 서교타워 711호, 808호
전화 02) 322-7802~3
팩스 02) 6007-1845
블로그 http://blog.naver.com/midasbooks
전자주소 midasbooks@hanmail.net
페이스북 https://www.facebook.com/midasbooks425
인스타그램 https://www.instagram.com/midasbooks

ISBN 979-11-7355-667-8 03230

값 **20,000원**

🏃 **미다스북스**는 다음세대에게 필요한 지혜와 교양을 생각합니다.

잠든 부의 씨앗을 깨우는 하루 20분의 기적

믿음이
부자를 만든다

김진호 김범연 지음

미다스북스

> "너는 물 댄 동산 같겠고
> 물이 끊어지지 아니하는 샘 같을 것이라"
>
> *(이사야 58:11)*

3장

하나님께 영광 돌리는 삶

부록

별책부록

'믿음과 부의 루틴' 5일 실천 노트

모든 풍요의 시작과 끝,
하나님

"이는 만물이 주에게서 나오고 주로 말미암고 주에게로 돌아감이라
영광이 그에게 세세에 있으리로다 아멘" (로마서 11:36)

시작도, 과정도, 마침표도 하나님이시다.

성경은 단호하게 선포한다. 우리 인생과 우주 만물의 기원은 하나님이며 그 과정 또한 그분의 섭리 안에 있고 마침내 모든 것은 다시 하나님께로 돌아간다. 삶의 주권이 나에게 있지 않고 하나님께 있다는 이 진리를 깨닫는 순간 우리는 신앙과 인생 그리고 부(富)와 성공을 바라보는 관점에서 근본적인 전환을 경험하게 된다.

성경을 펼치면 하나님을 전적으로 신뢰하며 걸어갔던 믿음의 거장들을 만나게 된다. 하나님께서는 그들에게 거대한 부를 허락하셨고, 그들을 역사의 물줄기를 바꾸는 축복의 통로로 사용하셨다. 이 시대를 살아가는 나 또한 말씀에 순종하는 믿음의 거장이 되어 하나님이 주신 거대한 부로 세상을 섬기는 주인공이 될 수 있다는 확신을 깨워야 한다.

많은 이들이 부자를 꿈꾼다. 그러나 세상의 방식대로 부를 좇는 순간 우리는 끝없는 불안과 비교의 늪으로 빠져든다. 가진 것은 늘어나는 데 만족은 줄어들고 성공의 문턱에 올라서도 내면은 공허하게 울린다. 이는 부의 목적과 방향을 놓쳤기 때문이다.

이 책은 하나님께서 정하신 창조 섭리에 따라 잠자고 있는 나의 믿음과 부의 루틴을 새롭게 세우는 여정이다. 하나님은 결코 나를 가난과 결핍 속에 방치하도록 창조하지 않으셨다. 오히려 하나님의 자녀는 풍요와 부유의 삶을 누리며 그 넉넉한 열매로 하나님께 영광 돌리도록 설계하셨다. 믿음은 추상적인 종교적 확신이 아니다. 믿음은 생각과 상상, 말과 행동을 통해 보이지 않는 세계를 현실로 창조해 내는 하나님의 법칙이다.

믿음과 부의 루틴은 영혼을 깨우는 습관이다.

이곳에서 말하는 부의 루틴은 주식 투자법이나 재테크 요령이 아니다. 그것은 믿음을 삶의 가장 구체적인 현장에 적용하는 훈련이며 하나님의 창조 원리에 발맞추어 걷는 태도의 혁명이다.

- 생각은 씨앗이다: 우리가 마음에 품는 생각이 인생과 부의 지도를 그린다.
- 가치는 정체성이다: 자신의 고유한 가치를 인식할 때 비교와 열등감의 감옥에서 해방된다.
- 믿음은 동사다: 머릿속 관념이 아니라 위험을 감수하고 한 걸음을 내딛는 순간 길은 열린다.
- 선포는 창조다: "이미 이루어졌다"라는 고백은 소망하는 미래를 현재로 불러오는 강력한 에너지이다.
- 감사는 열쇠다: 닫힌 문 앞에서 환경이 아니라 하나님을 신뢰할 때 기적의 문이 열린다.

이 원리들은 단순한 위로가 아니다. 삶의 지경을 넓히고 현실을 변화시키는 강력한 동력이자 하나님께서 태초부터

믿음이 부자를 만든다

내 안에 심어두신 성공의 DNA이다.

35일은 인생을 바꾸는 골든타임이다.

이 책은 눈으로 읽는 책이 아니라 몸으로 쓰는 책이다. 지식을 얻고 고개를 끄덕이는 데서 멈추지 말라. 매일 기록하고 실행할 때 비로소 믿음과 부의 에너지 변화는 시작된다.

아침에는 성경 말씀과 메시지를 묵상하며 하루의 영적 좌표를 설정하고 결단의 기도로 문을 연다. 저녁에는 하루를 돌아보며 실행한 믿음의 행동과 감사를 기록하고 부요함을 허락하신 하나님께 감사를 올린다.

이 5일간의 루틴을 7번 반복하여 총 35일간 지속한다. 믿음과 감사, 상상과 행동을 35일 동안 집중적으로 훈련할 때 나의 의식과 감정, 행동 양식은 완전히 새롭게 재편된다. 그 결과 믿음과 부의 루틴은 몸과 영혼에 각인되고 나의 삶 전체가 하나님이 주신 풍요의 흐름 속으로 진입하게 된다.

사도행전 29장을 향한 그대의 발걸음을 초대한다.

나는 '미네랄메이커'를 개발하는 긴 터널을 지나며 수많은 실패와 좌절을 겪었다. 그러나 그때마다 나를 다시 일으킨 것은 믿음과 감사, 상상과 행동의 원리였다. 그 원리를 붙잡을 때마다 거짓말처럼 길이 열렸다.

"구하는 이마다 얻을 것이요 찾는 이가 찾을 것이요 두드리는 이에게 열릴 것이니라" (마태복음 7:8)

이제 그대 모두를 이 놀라운 여정으로 초대한다. 35일간의 루틴을 완주하라. 이것은 단순한 습관의 교정이 아니라 인생을 송두리째 바꾸는 거룩한 모험이 될 것이다. 그 변화는 나 자신을 넘어 가정과 일터 그리고 세상을 살리는 축복의 통로가 될 것이다. 바로 지금이 내 인생의 골든타임이다.

『믿음이 부자를 만든다』를 집필할 수 있는 지혜와 영감을 주신 하나님께 모든 영광과 감사를 올려드린다. 또한 이 책이 세상에 나오기까지 애써 주신 미다스북스 류종렬 대표님, 이예나 편집팀장님 그리고 관계자 여러분께 감사드린다.

마지막으로 소중한 책이 출간되도록 기도로 함께해 준 사

랑하는 이경순 권사님, 정성원, 김혜연, 이아영 그리고 나의
기쁨인 우빈, 우준, 정아에게 깊은 사랑과 고마움을 전한다.

김진호 김범연

1장

하나님의
창조 섭리와
부의 비밀

01

만물은 하나님으로부터 시작된다

"태초에 하나님이 천지를 창조하시니라" *(창세기 1:1)*

인생의 기원, 우연이 아닌 섭리

우리는 종종 멈춰 서서 스스로에게 질문을 던진다. "나의 인생은 어디에서 와서 어디로 흐르는가?" 세상은 이 질문에 대해 유전학적 결합, 부모의 계획, 사회적 환경 혹은 우연의 산물이라는 건조한 답을 내놓는다. 자본주의 사회에서 성공과 부는 개인의 치열한 노력과 탁월한 전략의 결과물로만 여겨지곤 한다. 그러나 믿음의 눈을 들어 세상을 바라볼 때 우리는 전혀 다른 차원의 진실을 마주하게 된다. 인생은 결코 나 자신으로부터 시작되지 않았다. 보이지 않는 거대한 손길, 태초를 여신 하나님으로부터 시작되었다.

창세기 1장 1절의 선언은 단순히 우주 만물의 물리적 기원만을 설명하는 것이 아니다. 그것은 내 인생의 주권이 누구에게 있는지를 확정하는 선포다. 내가 태어나기도 전부터, 내가 사업을 구상하기도 전부터 하나님은 나를 향한 계획을 가지고 계셨다. 지나온 날들을 되돌아보면 내가 치열하게 고민하여 내린 결정이라고 믿었던 수많은 순간조차 사실은 하나님의 세밀한 인도하심에 있었다. 막다른 길이라 여겼던 곳에서 새로운 문이 열렸고, 우연히 스치듯 만난 인연이 훗날 결정적인 사명의 동역자가 되기도 했다. 이것은 책상 위에서 만들어진 철학이 아니라 광야 같은 사업의 현장에서 땀과 눈물로 체득한 나의 신앙 고백이다.

작은 물방울에 담긴 거대한 비전

나의 비전은 아주 작은 호기심, 아니 하나님이 심어 주신 거룩한 부담감에서 시작되었다. 학창 시절부터 나는 유독 물이라는 물질에 깊이 매료되어 있었다. 물은 생명의 근원이며 인체의 70%를 구성하는 가장 본질적인 요소다. 세상에는 이미 수많은 정수기와 생수 제품이 쏟아져 나오고 있었지만,

나의 내면 깊은 곳에서는 채워지지 않는 갈망이 있었다.

"단순히 갈증을 해소하거나 오염 물질을 걸러 내는 소극적인 물이 아니라 사람의 몸을 살리고 삶을 풍요롭게 하는 생명의 물은 없을까?"

이 질문은 스쳐 지나가는 공상으로 끝날 수도 있었다. 그러나 하나님께서는 이 질문을 내 마음 밭에 씨앗으로 심으셨다. 돌아보면 그것은 나를 향한 하나님의 부르심이었다. 그 씨앗은 시간이 흐르며 내 안에서 뿌리를 내리고 줄기를 뻗어 '미네랄메이커'라는 구체적인 열매로 세상에 드러나게 되었다. 나는 깨달았다. 위대한 사업은 시장 조사에서 시작되는 것이 아니라 하나님께서 내 마음에 심어 주신 거룩한 질문에서 시작된다는 것을.

창조의 비밀을 발견하다: 5대 장수마을의 비밀

사업을 구체화하는 과정은 하나님의 창조 섭리를 배우는 학교와 같았다. 초기에는 막연히 미네랄이 풍부한 물은 높은 산의 만년설이 녹아 생긴 깨끗한 물일 것이라고 생각했다. 그러나 연구를 거듭할수록 하나님이 자연에 숨겨두신 놀라운 비밀을 발견하게 되었다. 좋은 물은 단순히 눈이 녹은 물이 아니었다. 그 물이 땅속 깊은 곳으로 스며들어 하나님이 창조하신 천연 미네랄 스톤과 만나고 솟아오를 때 비로소 생명력 넘치는 미네랄워터가 형성된다는 사실이었다.

이 발견은 세계 5대 장수마을의 비밀과 정확히 맞닿아 있었다. 프랑스의 루르드, 독일의 노르데나우, 멕시코의 트라코테, 에콰도르의 빌카밤바, 파키스탄의 훈자. 이 지역 사람들은 오지에서 놀라운 장수와 건강을 누리고 있었다. 그들의 공통점은 바로 그들이 마시는 물, 깊은 산과 계곡의 암석층을 통과하며 만들어진 '미네랄이 풍부한 알칼리 이온 워터'였다.

나는 이 지점에서 거룩한 상상력을 발휘했다.

"하나님이 만드신 이 장수의 물을 특정 지역의 사람들만이 아니라 전 세계 모든 가정이 쉽고 편리하게 누릴 수는 없을까?"

믿음이 부자를 만든다

이 상상은 미네랄메이커의 설계도로 이어졌다. 마치 커피 메이커가 원두의 맛과 향을 추출하듯, 자연의 원리를 기술로 구현하여 미네랄워터를 추출하는 방식을 고안해 냈다. 세계 최초로 마그네슘 알칼리 이온 워터를 만드는 기능성 브랜드가 탄생하는 순간이었다. 이는 나의 지혜가 아니라 자연 속에 숨겨진 하나님의 비밀과 지혜를 발견한 것에 불과했다.

광야에서 만난 하나님의 손길

그러나 비전이 현실로 이루어지는 과정은 결코 순탄치 않았다. 고난이라는 터널을 통과해야 했다. 자금은 부족했고 기술적 난제는 산 넘어 산이었다. 수십 번의 실험이 실패로 돌아가 폐기된 시제품들이 산더미처럼 쌓일 때면 "이 길이 정말 맞는가?"라는 깊은 회의감에 휩싸이기도 했다. 때로는 이 길을 계속 걸어가야 할 이유조차 희미해져 포기하고 싶은 순간도 있었다.

하지만 하나님은 바로 그 인간의 한계 지점에서 일하기 시작하셨다. 가장 막막하여 무릎 꿇을 수밖에 없는 순간마다 거짓말처럼 새로운 길이 열렸다. 재정적으로 말라갈 때 예상치 못한 자금과 동역자를 보내 주셨고 연구 공간이 없어 전전긍긍할 때 기적처럼 테스트할 수 있는 공간이 주어졌다. 도저히 불가능해 보이는 상황들이 하나님의 개입으로 하나씩 해결되어 가는 것을 목격하며 나는 이 사업의 진짜 주인이 내가 아님을 고백할 수밖에 없었다.

그 절정은 의학적 검증 결과였다. 어느 의과대학과의 연구를 통해 '미네랄메이커 워터보틀'이 생성한 물이 "고혈당의 위험에서 신장 세포를 보호한다"라는 놀라운 결과를 얻게 되었다. 이 연구는 권위 있는 SCIE 국제 학술지에 발표되어 우수 논문으로 인용되기까지 했다. 하나님께서 내 마음에 심으셨던 작은 씨앗이 의학적 증거라는 튼튼한 줄기로 자라난 순간이었다. 나는 확인했다. 하나님이 시작하신 일은 하나님이 반드시 이루신다는 것을.

모든 영광을 원점으로

미네랄메이커는 점차 몸의 자연 치유력을 돕는 물로 알려

믿음이 부자를 만든다

지기 시작했다. 그러나 성장에 대한 목마름은 여전했다. 나는『물은 건강을 알고 있다』라는 책을 출간하며 물의 중요성을 알렸고, 사업의 지경을 넓히기 위해 '미네랄메이커 정수필터'를 개발하여 커피 시장에도 진출했다.『완벽한 커피 맛의 시크릿』이라는 두 번째 책을 내고 마케팅에 박차를 가하면서 내 안에는 새로운 고민이 싹텄다.

"무엇을 최우선 목표로 삼아야 하나? 매출인가 아니면 하나님의 영광인가."

세상의 경영학은 매출 증대와 시장 점유율 확대를 지상 과제로 삼는다. 그러나 나는 근본적인 질문 앞에 섰다.

"이 아이디어는 어디서 왔는가? 나의 머리인가, 하나님의 계시인가?"

답은 명확했다. 하나님께서 주신 생각이었다. 그렇다면 그 열매 또한 나의 통장이 아니라 하나님의 영광을 위해 쓰여야 했다.

나는 미네랄메이커를 단순히 정수기나 물병을 파는 사업으로 정의하지 않기로 했다. 이것은 하나님께서 주신 창조의 원리를 담아 사람들의 몸을 살리고 삶을 윤택하게 하며 나아가 그 수익으로 세상을 섬기는 하나님의 도구였다.

삶의 시작이 하나님으로부터라는 사실을 인정하는 순간 인생의 무게중심이 이동한다. 성공에 교만하지 않고 실패에 절망하지 않게 된다. 왜냐하면 과정의 주인도 결과의 주인도 하나님이시기 때문이다. 우리는 단지 그분이 맡기신 씨앗을 성실히 가꾸는 청지기일 뿐이다.

삶의 교훈

† 내 인생과 비즈니스의 시작점은 하나님이 주시는 비전으로부터이다.
† 비전을 이루는 과정 중 결핍은 하나님의 도우심을 경험하는 기회다.
† 삶과 사업의 여정은 하나님의 비밀과 지혜를 발견하는 순례길이다.
† 열매가 맺히는 순간 그 영광을 하나님께 돌려드려야 한다.

02

생각은 씨앗이고
마음이 현실을 만든다

*"스스로 속이지 말라 하나님은 만홀히 여김을 받지 아니하시나니
사람이 무엇으로 심든지 그대로 거두리라"* (갈라디아서 6:7)

보이지 않는 세계의 법칙: 심음과 거둠

농부가 밭에 나가 씨를 뿌릴 때 그는 자연의 법칙을 신뢰한다. 콩을 심으면 콩이 나고 팥을 심으면 팥이 난다는 사실은 변하지 않는 진리다. 사도 바울은 갈라디아서를 통해 이 자연의 법칙이 영적인 세계와 인생사에도 동일하게 적용됨을 선포한다.

"사람이 무엇으로 심든지 그대로 거두리라."
이것은 무서운 경고이자 동시에 놀라운 축복의 약속이다.

많은 사람이 부와 성공을 원하면서도 정작 자신의 마음 밭에는 두려움과 의심, 게으름의 씨앗을 뿌린다. 그러고는 왜 내 인생에는 풍요의 열매가 맺히지 않느냐고 한탄한다.

그러나 성경은 명확히 말한다. 겉으로 드러난 우리의 현실은 과거 어느 시점에 우리가 마음속에 심고 가꾸었던 생각의 결과물이다. 생각은 에너지이며 미래를 잉태하는 씨앗이다. 겉으로는 아무 변화가 없는 것처럼 보여도 심어진 생각은 무의식이라는 토양 속에서 조용히 자라나 반드시 그 실체를 드러낸다.

창조적 파괴를 꿈꾸다

사람들은 이미 존재하는 시장에서 조금 더 나은 제품을 만들어 경쟁하려 한다. 그러나 나는 하나님이 주신 창조성을 바탕으로 전혀 다른 차원의 도전을 꿈꿨다. 사람들은 단순히 깨끗한 물을 찾을 때 나는 거기서 한 걸음 더 나아가고 싶었다.

"내 물을 마시는 사람의 몸에 생명력을 불어넣고 치유를 돕는 물은 어떻게 만들 수 있을까?"

당시 주변 사람들에게 이 생각은 허황된 공상이나 마케팅 문구 정도로 여겨졌을 것이다. "물은 그냥 물이지 무슨 생명을 불어넣느냐"라는 비아냥도 있었다. 하지만 내 마음 밭에는 이 생각이 생명력 있는 씨앗으로 깊이 심겼다. 나는 이 씨앗이 자라나 울창한 숲을 이루는 환상을 보았다. 남들이 보지 못하는 것을 보는 것 그리고 그것을 마음에 품는 것이 부를 창조하는 첫 번째 단계다.

마음을 지키는 치열한 영적 전쟁

생각은 씨앗이고 마음은 밭이다. 농사의 성패는 씨앗의 품질뿐만 아니라 밭의 상태에 달려 있다. 아무리 좋은 씨앗(비전)을 품어도 마음이 돌밭(의심)이거나 가시덤불(염려)로 덮여 있다면 싹을 틔울 수 없다. 그래서 성경은 "무릇 지킬만한 것보다 더욱 네 마음을 지키라"고 경고한다.

미네랄메이커를 개발하는 과정은 이 마음 밭을 지키기 위한 처절한 전쟁이었다. 수많은 실험 실패는 "너는 안 돼"라는 잡초를 자라게 했다. 자금난은 "이러다 망할 거야"라며 돌덩

이처럼 내 마음을 짓눌렀다. 업계 전문가라는 사람들은 "대기업이 장악한 시장에서 계란으로 바위 치기"라며 나의 열정에 찬물을 끼얹었다. 내 안에 심어진 비전의 씨앗은 거센 비바람 앞에 놓인 연약한 싹과 같았다.

이때 내가 할 수 있는 유일한 일은 태도를 선택하는 것이었다. 나는 좌절 대신 감사를 포기 대신 믿음을 선택했다. 불안한 생각이 고개를 들 때마다 기도로 그 잡초를 뽑아냈다. "하나님이 시작하셨으니, 하나님이 이루신다"라는 말씀의 비료를 주며 마음 밭을 갈아엎었다. 이 보이지 않는 내면의 싸움에서 승리하지 못했다면 미네랄메이커는 세상의 빛을 보지 못한 채 사장되었을 것이다.

생각이 물질로 나타나다

시간이 흐르고 인내의 계절을 지나자 마침내 심어진 씨앗이 땅 위로 모습을 드러내기 시작했다. 그 결실은 제품 출시를 넘어 고객들의 삶을 바꾼 간증이 되어 돌아왔다. 미네랄메이커 워터보틀을 경험한 이들이 저마다의 놀라운 회복과

믿음이 부자를 만든다

변화의 이야기들을 하나둘씩 전해오기 시작한 것이다.

"물비린내가 나서 물을 잘 마시지 못했는데 목 넘김이 너무 부드러워 하루 2리터도 거뜬히 마십니다."
"만성적인 위장 장애가 있었는데 속이 한결 편안해졌어요."
"피부가 맑아지고 촉촉해지는 게 느껴집니다."
"불면증으로 고생했는데 오랜만에 깊은 잠을 잤습니다."

뿐만 아니었다. 까다롭기로 소문난 바리스타들의 반응도 뜨거웠다. "매일 아침 커피 맛 잡다가 사람 잡겠다"라며 하소연하던 그들이 미네랄메이커 정수필터를 사용한 후 변화를 고백했다.

"신기하게 커피 맛이 부드럽고 단맛이 올라와요!"
"커피의 날카로운 신맛이 사라지고 맛이 동글동글해졌어요."
"원두가 가진 본연의 향이 살아납니다. 커피 맛에 자신감을 되찾았습니다."
이러한 피드백은 단순한 고객 만족 후기가 아니었다. 그것은 오래전 내 마음속 골방에 심었던 생명을 살리는 물이라는 보이지 않는 생각이 마침내 물질의 벽을 뚫고 나와 생생한 현실로 실체화된 증거였다. 생각이 현실을 만든다는 것은 은유가 아니라 물리적인 실체였다.

하나님의 형상, 창조자의 삶

세상의 시작을 창세기로 되돌려 보자. 하나님은 세상을 만드실 때 먼저 뜻(생각)을 품으셨고 그 뜻을 말씀으로 선포하셨으며 그 결과 빛이 생기고 만물이 창조되었다. 하나님의 형상대로 지음받은 우리 인간에게도 이 창조의 매커니즘이 동일하게 심겨 있다.

우리의 인생은 우연히 굴러가는 수레바퀴가 아니다. 오늘 내가 품는 생각 하나가 내 인생의 방향키를 돌린다. 가난과 결핍, 피해 의식의 씨앗을 심으면 초라한 현실을 거두게 되지만 풍요와 감사, 나눔과 기여의 씨앗을 심으면 하나님이 예비하신 풍성한 삶을 창조하게 된다.

미네랄메이커를 통해 나는 뼈저리게 배웠다. 인생을 바꾸는 출발점은 거창한 자본이나 완벽한 시스템이 아니다. 내

믿음이 부자를 만든다

마음속에 어떤 씨앗을 심고 그것을 얼마나 소중히 지켜 내느냐에 달려 있다. 나의 오늘은 어제 내가 생각한 결과이며, 내일은 오늘 내가 생각하는 결과가 된다.

삶의 교훈

† 생각은 미래를 잉태하는 씨앗이고 마음은 그 씨앗을 키우는 밭이다.
† 어려운 환경보다 무서운 것은 부정적인 마음 밭이다.
† 믿음과 감사는 척박한 현실을 옥토로 바꾸는 영적 개량제다.
† 겉으로 드러난 성공은 내면에서 승리한 생각의 그림자이다.

03

믿음은 보이지 않는 것을
이루는 힘이다

"너희가 만일 믿음이 한 겨자씨만큼만 있으면 이 산을 명하여 여기서 저기로 옮기라 하여도 옮길 것이요 또 너희가 못할 것이 없으리라" (마태복음 17:20)

4차원의 영성: 보이지 않는 것을 보는 힘

세상은 철저히 3차원의 논리로 돌아간다. 눈에 보이는 자본금, 통계 수치, 시장 점유율, 스펙과 같은 데이터가 성공의 척도다. 사람들은 이 보이는 것들이 갖춰져야 안심하고 가능성이 있다고 말한다. 그러나 성경은 우리에게 4차원의 영성을 요구한다. 그것은 눈에 보이는 현실 너머 보이지 않는 세계를 바라보고 그것을 실재(實在)로 믿는 능력이다.

믿음이 부자를 만든다

히브리서 기자는 "믿음은 바라는 것들의 실상이요 보지 못하는 것들의 증거니"라고 정의했다. 믿음은 막연한 희망 사항이 아니다. 아직 내 손에 쥐어지지 않았지만, 영적인 세계에서는 이미 완료된 사실로 받아들이는 보증수표와 같다. 진정한 변화와 부의 창출은 언제나 보이지 않는 차원에서 시작되어 보이는 차원으로 흘러나온다. 불확실성이라는 안개 속에서도 이미 이루어졌다는 확신을 가지고 한 걸음을 내디딜 때 홍해가 갈라지듯 현실의 벽이 무너진다.

회의적인 시선 속에 핀 믿음의 꽃

내가 미네랄메이커 워터보틀 개발에 뛰어들었을 때, 나를 둘러싼 현실은 차갑다 못해 냉소적이었다. 업계 관계자들과 지인들은 하나같이 우려 섞인 조언을 쏟아 냈다.

"생수 시장은 이미 레드오션입니다. 포화 상태예요."
"대기업들이 유통망을 꽉 잡고 있는데 개인이 만든 브랜드가 설 자리가 있겠습니까?"
"물 사업은 막대한 마케팅 비용이 듭니다. 보유하고 있는 자금으로는 어림도 없어요."

그들의 말은 틀린 말이 아니었다. 3차원의 현실 분석으로
는 지극히 합리적이고 타당한 지적이었다. 실제로 내 상황은
그들의 말처럼 열악했다. 수많은 시제품은 실패했고 통장 잔
고는 바닥을 보였으며 미래는 불투명했다. 이성적으로 판단
한다면 당장 멈추는 것이 정답이었다.

하지만 내 영의 눈은 다른 그림을 보고 있었다. 아직 완성
된 제품 하나 없었지만 나는 내가 만든 물을 마시고 위장병
이 낫고 건강을 회복한 내 모습을 보았다. 더 나아가 깨끗하
고 좋은 물을 마시지 못해 고통받던 수많은 사람이 미네랄메
이커를 통해 활력을 되찾는 장면을 생생하게 꿈꾸었다.

미네랄메이커 정수필터를 개발할 때도 마찬가지였다. 지
금까지 국내 카페 시장은 고가의 해외 수입 정수필터가 장악
하고 있었다. "국산 정수필터는 기술력이 떨어진다"라는 편
견이 지배적이었다. 그러나 나는 한국의 수돗물 환경에 최적
화된 정수필터를 만들 수 있다는 확신 그리고 그 물로 내린

커피가 바리스타들을 춤추게 할 것이라는 믿음을 붙들었다. 현실에는 없었지만 믿음의 세계에서 그것은 이미 존재하는 팩트였다.

믿음은 두려움을 뚫고 문을 두드리는 용기다

믿음은 머릿속에 맴도는 관념이 아니다. 믿음은 안주하고 싶은 마음을 이겨내고 위험을 감수하며 발을 내딛는 결단이다. 베드로가 물 위를 걷기 위해서는 안전한 배 밖으로 발을 내딛는 위험을 감수해야 했다. 나에게도 그런 순간이 찾아왔다. 제품은 완성되었지만 판로가 막막했던 그때 내 안의 믿음은 나를 거친 현장으로 등을 떠밀었다.

두려움과 설렘을 동시에 안고 미네랄메이커 정수필터를 들고 무작정 카페 문을 두드렸다. 문전박대당할 것에 대한 두려움이 엄습했지만, 확신에 찬 믿음이 그 두려움보다 더 컸다.

"사장님, 이 정수필터를 쓰시면 커피 맛이 확실히 달라질

겁니다. 제가 보장합니다. 무료로 설치해 드릴 테니 직접 확인해 보세요."

그 제안은 무모해 보일 수 있었지만, 확신에 찬 나의 눈빛과 태도는 사장님의 마음을 움직였다. 며칠 뒤 테스트를 마친 사장님에게서 전화가 걸려 왔다.

"대표님, 정말 신기하네요. 커피 맛이 부드럽고 깔끔해졌어요! 손님들이 먼저 알아봅니다. 강한 쓴맛이 사라졌어요."

그 통화는 단순한 계약 성사가 아니었다. 보이지 않던 믿음이 현실의 열매로 교환되는 감격스러운 순간이었다. "믿음대로 될지어다"라고 하신 예수님의 말씀이 내 삶의 현장에서 생생하게 증명된 것이다.

불가능은 믿음의 기회다

사업을 하거나 인생을 살다 보면 도저히 넘을 수 없을 것 같은 거대한 산을 만난다. 실패가 거듭되고 사람들의 시선이

따갑고 나 자신조차 초라해 보이는 순간이 반드시 온다. 그러나 역설적으로 바로 그때가 믿음이 가장 강력하게 작동할 타이밍이다. 모든 가능성이 차단된 절망의 끝자락은 하나님이 일하기 시작하시는 시작점이다.

눈에 보이는 증거가 하나도 없을 때, 그때가 바로 믿음을 발동할 때다. "이미 끝났다"라고 세상이 말할 때 "이제 시작이다"라고 선포하는 것이 믿음이다. 내게 미네랄메이커는 단순한 기능성 제품이 아니다. 이것은 믿음이 허상이 아니며 보이지 않는 것을 붙잡는 자에게 현실은 반드시 굴복한다는 것을 보여 주는 간증의 결정체다.

삶의 교훈

† 믿음은 더 높은 차원의 현실을 불러오는 것이다.

† 합리적인 데이터보다 강력한 것은 하나님이 주신 확신이다.

† 믿음은 행동으로 증명되고 움직이지 않는 믿음은 죽은 믿음이다.

† 불가능해 보이는 벽 앞에서 믿음의 스위치를 켜라. 산이 옮겨질 것이다.

04

상상은 하나님이 주신
창조의 도구

"우리 가운데서 역사하시는 능력대로 우리의 온갖 구하는 것이나
생각하는 것에 더 넘치도록 능히 하실 이에게" (에베소서 3:20)

거룩한 상상력: 비전을 잉태하는 생명

상상이라는 단어는 종종 오해를 받는다. 현실 도피적인 몽상이나 아이들의 철없는 장난 정도로 치부되곤 한다. 특히 신앙 안에서도 상상을 인본주의적인 것으로 경계하는 시각이 있다. 그러나 인간이 가진 상상력은 하나님께서 자신의 형상을 따라 인간을 지으실 때 부여하신 가장 놀랍고 강력한 창조의 도구다.

하나님은 아브라함에게 자손의 복을 약속하실 때 단순히

믿음이 부자를 만든다

말로만 하지 않으셨다. 그를 텐트 밖으로 이끌어 내어 밤하늘의 뭇별을 바라보게 하셨다. 시각적인 이미지를 통해 그의 상상력을 자극하신 것이다. 아브라함은 매일 밤하늘을 보며 별처럼 많은 자손을 상상했고 그 상상은 그의 무의식과 영혼 깊은 곳에 믿음을 새겨넣었다. 상상은 믿음을 막연한 개념에서 구체적인 청사진으로 바꾸어주는 작업이다. 믿음이 건축 자재라면 상상은 설계도다. 설계도 없이는 아무리 좋은 자재가 있어도 집을 지을 수 없다.

실패의 잿더미 위에서 희망을 그리다

미네랄메이커를 개발하는 긴 터널을 지날 때 나는 숱한 실패의 잿더미 위에 서 있었다. 기술적 한계에 부딪혔고 자금 압박에 시달렸으며 주변의 회의적인 시선은 나를 위축시켰다. 눈을 뜨면 마주하는 현실은 불가능과 포기라는 단어들뿐이었다.

그러나 그때 나를 지탱해 준 유일한 힘은 하나님이 주신 거룩한 상상력이었다. 나는 눈을 감고 현실 너머의 세상을 의도적으로 그리고 구체적으로 그려 내기 시작했다.

나는 매일 마음의 영화관에서 이 장면들을 상영했다.

"맑고 깊은 산속 옹달샘에서 미네랄이 풍부한 생명수가 콸
콸 솟아나고 그 물이 미네랄메이커를 통해 각 가정의 식탁에
오르는 모습."

"모든 사람 손에 미네랄메이커가 들려 있고 병약했던 사람
들이 그 물을 마시고 혈색이 돌며 활짝 웃는 모습."

"카페에서 손님이 커피 한 모금을 마시고 눈이 동그랗게
커지며 '와, 맛있다!'라고 감탄하고 그를 바라보는 카페 사장
님의 얼굴에 기쁨의 미소가 번지는 모습."

이 장면들은 당시 현실에는 존재하지 않는 허구였다. 하지
만 내 마음속에서는 3D 영화보다 더 생생한 실재였다. 나는
상상 속에서 이미 성공한 사업가였고 많은 사람을 돕는 치유
자였다. 이 상상이 나를 다시 실험실로 이끌었고 거절당할
것을 알면서도 다시 문을 두드릴 용기를 주었다.

믿음이 부자를 만든다

상상은 행동을 낳고, 행동은 기적을 낳는다

상상은 머릿속 유희로 끝나지 않는다. 구체적이고 반복적인 상상은 뇌를 자극하고 감정을 움직이며 결국 몸을 움직이게 만든다. 상상력이 풍부한 사람은 쉽게 지치지 않는다. 왜냐하면 눈앞의 고통보다 상상 속의 즐거움이 더 크기 때문이다.

내가 전국의 카페를 찾아다니며 제품을 설명할 수 있었던 동력은 바로 미리 맛본 기쁨 때문이었다. 마음속에서 이미 수백 번 성공을 경험했기에 현실의 한두 번 거절은 나를 꺾을 수 없었다. 상상은 내게 끈기를 선물했고 그 끈기는 결국 기적의 문을 열었다.

첫 카페의 긍정적인 피드백은 소름 돋는 전율을 느끼게 했다. 그 모든 장면은 이미 내가 수년 전부터 마음속에서 수백 번 보았던 바로 그 그림이었기 때문이다. 마음의 설계도가 현실의 건축물로 완성된 것이다. 하나님은 우리가 구하거나 생각하는 것보다 더 넘치도록 주시는 분이시다. 우리가 해야할 일은 더 크고 더 아름답고 더 선한 것을 상상하는 것이다.

꿈꾸는 자가 오는도다

요셉의 형들은 요셉을 보며 비웃었다. "꿈꾸는 자가 오는도다." 그들은 꿈을 비현실적인 것으로 치부했지만 결국 요셉의 꿈(상상)이 기근에 빠진 가족과 민족을 구원했다. 오늘날 비즈니스 현장에서도 마찬가지다. 현실에 안주하는 자는 현상 유지에 급급하지만, 하나님 안에서 거룩한 상상을 품는 자는 새로운 시장을 창출하고 세상을 변화시킨다.

나는 지금 무엇을 상상하고 있는가? 실패에 대한 두려움인가 아니면 하나님이 주실 찬란한 미래인가? 나의 상상력이 나의 미래를 결정한다. 오늘 나의 마음 스크린에 하나님 나라의 풍요와 부유함을 상영하라.

삶의 교훈

† 상상은 믿음을 구체화하는 가장 강력한 영적 도구다.
† 하나님은 우리의 마음속 그림(상상)을 설계도 삼아 현실을 건축하신다.
† 생생하게 꿈꾸면 뇌와 몸은 그것을 현실로 만들기 위해 작동한다.
† 오늘 내가 그리는 마음의 그림이 내일 내가 살게 될 집이다.

믿음이 부자를 만든다

05

감사와 고백이
현실을 바꾼다

*"여호와는 네게 복을 주시고 너를 지키시기를 원하며 여호와는 그
얼굴로 네게 비취사 은혜 베푸시기를 원하며 여호와는 그 얼굴을
네게로 향하여 드사 평강 주시기를 원하노라"* (민수기 6:24~26)

감사는 상황을 역전시키는 창조적 능력

우리는 흔히 감사란 좋은 일이 일어난 후에 하는 자연스러
운 반응이라고 생각한다. 사업이 대박 나거나 건강이 회복되
거나 문제가 해결되었을 때 하는 감사는 누구나 할 수 있다.
그러나 성경이 말하는 감사 그리고 부를 끌어당기는 감사는
차원이 다르다. 그것은 환경에 대한 수동적 반응이 아니라 환
경을 재해석하고 변화시키는 능동적이고 창조적인 태도다.

감사는 하나님을 전적으로 신뢰하는 최고의 신앙 고백이다. 내 눈에는 상황이 절망적으로 보여도 선하신 하나님께서 이 모든 것을 합력하여 선을 이루실 것을 믿기에 미리 감사하는 것이다. 원망은 닫힌 문을 바라보며 한탄하는 것이라면 감사는 닫힌 문 뒤에 예비된 열린 문을 바라보는 것이다. 그래서 감사는 꽉 막힌 현실을 뚫고 나가는 기적의 통로가 된다.

광야와 기적 사이: 태도의 차이

성경은 이스라엘 백성을 통해 감사와 원망의 극명한 대조를 보여 준다. 그들은 하나님의 기적으로 홍해를 건넜고 매일 하늘에서 내리는 만나를 먹었다. 그러나 그들의 입술은 끊임없이 원망과 불평을 쏟아 냈다.

"물이 없다. 고기가 없다. 우리가 죽게 되었다."

그 원망은 결국 그들의 발목을 잡았고 그들은 약속의 땅을 눈앞에 두고도 들어가지 못했다.

반면 바울과 실라를 보라. 그들은 복음을 전하다가 억울하게 매를 맞고 깊은 감옥에 갇혔다. 발에는 차디찬 착고가 채워졌고 앞날은 캄캄한 절망뿐이었다. 그러나 그 한밤중에 그들은 원망 대신 하나님께 기도하고 찬송을 불렀다. 가장 고통스러운 순간에 터져 나온 그 감사의 고백이 기적의 진원지가 되었다. 갑자기 큰 지진이 나서 옥터가 움직이고 굳게 닫혔던 문이 다 열리며 모든 매인 것이 풀어졌다. 감사는 묶인 것을 풀고 닫힌 문을 부수는 영적 다이너마이트다.

사업도 인생도 마찬가지다. 없는 것을 세며 불평하면 있는 것마저 빼앗기지만 작은 것에 감사하면 그것이 씨앗이 되어 30배, 60배, 100배의 결실을 맺는다.

거절을 감사로 바꾼 연금술

미네랄메이커의 여정에서도 감사는 가장 강력한 무기였다. 제품을 처음 출시했을 때 시장의 반응은 냉담했다. 거절은 일상이었고 무시는 밥 먹듯 겪어야 했다.

"물 마신다고 병이 낫나요? 약을 먹어야지."

"듣도 보도 못한 브랜드인데 믿을 수 있습니까?"

"그냥 대기업 정수필터 쓸래요."

이런 말을 들을 때마다 자존심이 상하고 낙심이 찾아왔다. 마음속에서 쓴 뿌리가 올라오려 했다. 하지만 나는 그때마다 의지적으로 감사를 선택하기로 결단했다. 상황을 감사의 언어로 재해석했다.

"이 거절을 통해 제품을 더 완벽하게 보완할 기회를 주셔서 감사합니다."

"이분을 통해 내 인내심을 길러주시니 감사합니다."

"비즈니스는 구걸하는 것이 아니라 가치를 전달하는 것임을 알게 하시고 당당함을 주셔서 감사합니다."

"아직 우리 제품의 가치를 잘 모르고 있지만 때가 되면 알게 될 날이 올 것임을 믿고 감사합니다."

놀랍게도 감사의 고백을 선포할 때마다 내 마음의 지옥이 천국으로 바뀌었다. 패배감에 젖어 있던 마음에 다시 도전할

믿음이 부자를 만든다

용기가 생겼다. 그리고 상황도 변하기 시작했다. 우연처럼 참가한 전시회에서 진성 바이어를 만났고 거절했던 고객이 다른 고객의 추천을 듣고 다시 찾아오기도 했다. 감사가 없었다면 나는 중도에 포기했을 것이고 지금의 열매는 없었을 것이다.

감사는 믿음의 완성형

감사는 믿음이 없이는 불가능한 행위다. 아직 이루어지지 않았는데 감사하는 것은 이미 받았다고 믿는 사람만이 할 수 있다. 예수님은 나사로의 무덤 앞에서도 "아버지여 내 말을 들으신 것을 감사하나이다"라고 미리 기도하셨다. 죽은 자가 살아나기도 전에 한 감사였다.

나는 사업이 가장 어려웠던 시절 텅 빈 사무실에서 미리 감사기도를 드렸다.

"주님, 이 제품이 전 세계로 뻗어나가 수많은 사람을 살리게 하심을 감사합니다."

"미네랄메이커를 통해 카페들이 살아나고 바리스타들이 웃게 하시니 감사합니다."

당시에는 아무 증거도 없었지만, 이 선제적 감사는 내 영혼을 부요하게 했고 그 부요함이 결국 현실의 부를 끌어당긴다. 감사는 미래의 복을 현재로 배송받는 특급 우편이다.

삶의 교훈

† 감사는 하나님을 향한 신뢰의 표현이다.
† 불평은 문제에 집중하게 하지만 감사는 해답(하나님)에 집중하게 한다.
† 입술의 고백이 운명을 결정하고 감사를 선포하면 영적 기류가 바뀐다.
† 진정한 부자는 모든 상황에서 감사할 줄 아는 사람이다.

"눈물을 흘리며 씨를 뿌리는 자는 기쁨으로 거두리로다 울며 씨를 뿌리러 나가는 자는 정녕 기쁨으로 그 단을 가지고 돌아오리로다"

(시편 126:5~6)

2장

'믿음과
부의 루틴'
5일 여정

Day 1

부의 시작은
생각이다

01

마음은 부의
출발점이다

"무릇 지킬만한 것보다 더욱 네 마음을 지키라 생명의 근원이 이에

서 남이니라" (잠언 4:23)

인생을 결정하는 통제 센터, 마음

우리는 흔히 부유해지기 위해서는 외부의 조건을 바꿔야 한다고 생각한다. 더 많은 자본금 더 좋은 인맥 더 뛰어난 기술 혹은 운이 좋은 시기 등을 찾는다. 그러나 성경은 삶의 변화가 외부에서 오는 것이 아니라 내면 깊은 곳 마음에서 시작된다고 단호하게 선포한다.

잠언 기자가 말하는 마음(히브리어: 레브, Leb)은 단순히 감정이 머무는 공간이 아니다. 그것은 지성, 의지, 감정 그리고 영혼이 교차하는 인격의 중심이자 삶의 통제 센터이다. 잠언 4장 23절은 "생명의 근원이 이에서 남이니라"고 기록되어 있는데 근원이라는 단어는 히브리어로 토차오트(Totsaot)이다. 이는 성(城) 밖으로 나가는 출구 혹은 물이 솟아나는 샘을 의미한다. 즉, 우리 인생에서 벌어지는 모든 사건, 성공과 실패, 부유함과 가난함은 결국 마음이라는 샘에서 발원하여 외부로 흘러나온 결과물이다.

물이 오염된 샘에서는 결코 맑은 시냇물이 흐를 수 없듯 마음속에 가난과 결핍, 두려움의 생각이 가득 차 있다면 아무리 좋은 기회가 찾아와도 그것을 부유함으로 연결할 수 없다. 반대로 마음의 샘이 믿음과 풍요로 채워져 있다면 척박한 광야 한가운데서도 길을 내고 강을 흐르게 하는 창조적인 역사가 일어난다.

믿음이 부자를 만든다

생각은 물리적 실체다: 씨 뿌리는 자의 비유

예수님께서는 마태복음 13장에서 '씨 뿌리는 자의 비유'를 통해 이 영적 원리를 더욱 구체화하셨다. 예수님은 말씀을 씨앗에, 사람의 마음을 밭에 비유하셨다. 아무리 좋은 종자라도 돌밭이나 가시덤불에 떨어지면 결실하지 못하지만, 옥토에 떨어지면 30배, 60배, 100배의 폭발적인 증식을 일으킨다.

이것은 생각의 법칙과 정확히 일치한다. 우리의 생각은 에너지이자 씨앗이다. 뇌과학적으로도 우리가 강렬하게 품는 생각은 뇌의 신경 회로를 물리적으로 재구성한다. "나는 안 돼. 나는 가난해"라는 부정적인 생각의 씨앗을 계속 심으면 뇌는 그 생각에 맞춰 행동을 제한하고 소극적인 태도를 취하게 하며 결국 실패라는 열매를 맺게 한다.

반면, "하나님께서 나에게 능력을 주셨다. 나는 부요함의 통로다"라는 믿음의 씨앗을 심고 그것을 기도로 물 주며 가꾸는 사람은 다르다. 그 생각은 옥토 같은 마음 밭에서 자라나 창의적인 아이디어를 낳고 사람을 끌어당기는 매력을 발산하며 기회를 포착하는 통찰력을 제공한다. 하나님은 이 자연 법칙을 영적인 세계에도 동일하게 적용하셨다. 오늘 내가 무심코 흘려보내는 생각 하나가 내일 내가 거두게 될 수확물이다.

아브라함의 시각화 훈련: 바라봄의 법칙

하나님은 평범한 노인이었던 아브람을 믿음의 조상 아브라함으로, 열국의 아버지로 바꾸시기 위해 가장 먼저 그의 생각과 상상력을 훈련시키셨다. 창세기 15장에서 하나님은 자녀가 없어 낙심한 아브람을 텐트 밖으로 이끌어 내셨다. 그리고 말씀하셨다.

"하늘을 우러러 뭇별을 셀 수 있나 보라 네 자손이 이와 같으리라."

하나님은 왜 굳이 캄캄한 밤에 그를 밖으로 데리고 나가셨을까? 단순히 말로 약속하실 수도 있었지만, 하나님은 아브람의 뇌리에 지워지지 않는 시각적 이미지를 심어 주길 원하셨다. 아브람은 매일 밤하늘을 볼 때마다 자신의 자손이 별처럼 빛나는 장면을 상상했을 것이다. 낮에는 바닷가의 모래를 보며 수많은 후손을 그렸을 것이다.

이것이 바로 거룩한 상상력이다. 눈앞의 현실은 늙은 육체와 불임의 아내뿐이었지만 그의 마음속 스크린에는 이미 별처럼 많은 자손이 뛰어놀고 있었다. 이 믿음의 시각화가 그의 무의식을 바꾸었고 하나님의 약속을 믿는 의가 되었으며 결국 이삭이라는 기적의 열매를 맺게 했다.

부자가 되는 것도 마찬가지다. 통장에 돈이 찍히기 전에 마음의 통장에 먼저 하나님의 풍요가 입금되어야 한다. 현실의 결핍을 바라보며 한탄하는 것은 가난을 묵상하는 것이다. 하나님은 우리가 눈을 들어 하늘의 별을 보듯 주님이 예비하신 풍요의 미래를 바라보길 원하신다. 나의 마음에 그려진 청사진만큼 하나님은 나의 삶을 건축하신다.

마음을 지키는 것이 부를 지키는 것이다

잠언 기자는 "무릇 지킬만한 것보다 더욱 네 마음을 지키라"고 호소한다. 여기서 '지키다'라는 말은 군사가 성문을 철통같이 방어하는 모습을 뜻한다. 세상은 끊임없이 우리 마음에 부정적인 메시지를 쏟아붓는다. 뉴스는 경제 위기를 말하고 주변 사람들은 "너는 안 돼"라고 속삭이며 비교 의식은 우리를 초라하게 만든다.

이것은 영적 전쟁이다. 사탄은 나의 지갑을 털어가기 전에 먼저 나의 마음속에 있는 부유함의 가능성을 훔쳐 가려고 한다. 마음이 무너지면 삶도 무너진다. 그러나 마음을 지켜 내면 다시 일어설 수 있다.

지금 나는 결단해야 한다. "내 마음을 쓰레기 하치장이 아니라 하나님의 정원으로 만들겠다"라고 말이다. 잡초(부정적인 생각)를 뽑아내고, 말씀과 믿음, 감사와 풍요의 씨앗을 심어야 한다. 내가 품은 그 고귀한 생각이 머지않아 나의 손에 쥐어질 실체가 될 것이다. 부의 시작은 통장이 아니라 바로 나의 생각이다.

02

원하는 삶을
구체적으로 그린다

"너희 안에서 행하시는 이는 하나님이시니 자기의 기쁘신 뜻을 위

하여 너희로 소원을 두고 행하게 하시나니" (빌립보서 2:13)

1. 삶의 비전을 언어로 건축하라

막연한 상상을 언어라는 그릇에 담을 때 꿈과 비전은 현실
이 될 준비를 마치게 된다. 내가 갈망하는 풍요의 형상을 최
대한 선명하게 묘사한다. 진정한 비전이란 나의 강점, 열정,
가치가 교차하는 지점에 존재한다. 미래의 내가 나아갈 방향
을 명확히 정의하고 이를 달성하기 위한 담대한 목표를 문장
으로 확언한다.

예시: "나는 통찰력 있는 기획과 투명한 운영을 통해 대체 불가능한 온라인쇼핑몰 브랜드를 구축한다. 순자산 ○ ○ ○ 억 원의 목표를 달성하여 개인의 안위를 넘어 사회적 책임을 다하는 존경받는 리더이자 선한 청지기가 된다."

2. 생각의 씨앗을 생생한 실재(實在)로 키우라

기록된 문장을 마음의 스크린에 띄워 이미 그 삶을 살고 있는 주인공이 되어 본다. 시각, 청각, 후각, 미각, 촉각의 오감(五感)을 동원해 그 순간의 공기와 감정까지 느껴야 한다. 뇌가 상상을 현실로 인식할 때 삶은 변화하기 시작한다.

3. 성취를 확정하는 감사를 선포하라

상상의 끝에서 이루어진 현실을 향해 깊은 감사를 선포한다. 감사는 미래의 결실을 현재로 끌어당기는 강력한 자석이다.

"감사합니다. 이 모든 것은 이미 제 것이 되었습니다." (3회 반복)

03

결단을 위한 기도
: 생각(비전)

오늘의 결단

나는 오늘 하나님의 말씀 안에서
새로운 비전과 생각의 씨앗을 심는다.
그 씨앗은 상상으로 확장되고 믿음으로 자라
반드시 풍성한 열매를 맺을 것이다.

마무리 기도

주님, 제 마음을 지킬 힘을 주셔서 감사합니다.
오늘 제 안에 가난과 패배의 생각이 아닌,
믿음과 풍요의 거룩한 씨앗을 심습니다.
"네 입을 넓게 열라 내가 채우리라"(시편 81:10)는 말씀을 의지하여 담대히 비전을 그립니다.

저의 마음 밭이 옥토가 되어 주님께서 주신

모든 가능성이 100배의 결실로 나타나게 하소서.

예수님의 이름으로 기도드립니다. 아멘.

[Day 1 믿음과 부의 루틴 체크리스트]

□ 아침 (10분)

1. 오늘의 말씀과 심층 메시지 묵상하기

2. 비전 선언문 작성하고 오감으로 상상하기

3. 결단 기도 후 힘차게 하루 시작하기

□ 저녁 (10분)

1. 오늘 나를 사로잡은 '단 하나의 생각'은 무엇인가?

2. 비전의 문장이 나의 마음가짐을 어떻게 바꾸었는가?

3. 오늘의 감사 3가지 쓰기

4. 비전을 미리 누리게 하신 하나님께 감사기도 드리기

믿음이 부자를 만든다

Day 2

자신이 가진 가치를
인식하라

01

나는 존귀한
존재이다

오늘의 말씀

"오직 너희는 택하신 족속이요 왕 같은 제사장들이요 거룩한 나라
요 그의 소유된 백성이니 이는 너희를 어두운 데서 불러내어 그의
기이한 빛에 들어가게 하신 자의 아름다운 덕을 선전하게 하려 하
심이라" (베드로전서 2:9)

왜곡된 자화상: 비교의 덫

현대 사회는 끊임없이 우리에게 묻는다. "당신은 얼마짜리
사람입니까?" 연봉, 아파트 평수, 자동차 브랜드, 직함, 외모
등이 한 사람의 가치를 결정하는 척도가 되어 버렸다. 많은
크리스천조차 세상의 이러한 기준에 동조하며 자신의 가치

를 매긴다. 남들보다 조금 나으면 우월감에 빠지고 조금 부족하면 깊은 열등감과 패배 의식에 젖어 든다. 이것은 사탄이 파놓은 가장 치명적인 함정인 비교의 덫이다.

그러나 우리가 명심해야 할 것은 '거지 마인드로는 결코 왕의 재물을 다스릴 수 없다'라는 사실이다. 자신이 부족하고 무가치하다고 느끼는 사람은 무의식적으로 부를 밀어낸다. 설령 우연히 큰돈이 들어온다 해도 그것을 감당할 그릇이 되지 않아 곧 잃어버리게 된다. 진정한 부는 통장의 잔고가 늘어나기 전에 자신의 존재 가치에 대한 인식이 바뀔 때 비로소 시작된다.

성경이 말하는 정체성: 왕 같은 제사장

베드로전서 2장 9절은 우리의 신분을 완전히 새롭게 정의한다. 성경은 우리가 단순히 죄 용서받은 죄인 정도가 아니라 택하신 족속, 왕 같은 제사장이라고 선포한다.

· 택하신 족속: 나는 우연히 태어난 존재가 아니다. 창세전부터 하

나님의 치밀한 계획 속에 선택된 목적이 있는 존재이다.

· 왕 같은 제사장: 이것은 엄청난 신분 상승이다. 구약 시대에는 왕권과 제사장이 엄격히 분리되어 있었지만, 그리스도 예수 안에서 우리는 이 두 가지 권세를 모두 부여받았다. 왕으로서 세상을 다스리는 통치권과 제사장으로서 하나님과 세상을 연결하는 축복권을 가진 존재이다.

이것이 나의 진짜 이름표이다. 나의 가치는 세상의 평가나 타인의 시선 심지어 나 자신의 감정에 좌우되지 않는다. 나의 가치는 나를 위해 십자가에서 지불된 예수 그리스도의 핏값으로 이미 확정되었다. 나는 우주에서 가장 비싼 값을 치르고 산 존재이다. 이 존귀함을 깨닫는 것이 부요함의 기초이다.

기드온의 교훈: 숨은 용사를 깨우라

사사기 6장에 나오는 기드온은 미디안의 압제 속에서 두려움에 떨며 포도주 틀에 숨어 밀을 타작하던 소심한 사람이었다. 그는 스스로를 "므낫세 중에 가장 약하고 아버지 집에서 가장 작은 자"라고 비하했다. 하지만 하나님의 사자가 그를 찾아와 전혀 다른 호칭으로 불렀다.

"큰 용사여 여호와께서 너와 함께 계시도다."

기드온의 현실은 겁쟁이였지만 하나님의 눈에 그는 이미 큰 용사였다. 하나님은 기드온의 현재 모습이 아니라 그가 하나님을 만난 후 변화될 잠재력을 보신 것이다. 우리도 마찬가지다. 지금 당장은 가진 것이 없고 실패한 것처럼 보일지라도 하나님은 우리 안에 있는 거인의 형상을 보고 계신다.

우리가 해야 할 일은 내 안의 겁쟁이를 죽이고 하나님이 부르시는 큰 용사의 정체성을 받아들이는 것이다. "나는 부족해"라는 말은 겸손이 아니다. 그것은 하나님이 만드신 걸작품을 비하하는 불신앙이다. 내 안에 잠들어 있는 왕의 권위를 깨워야 한다.

부(富)는 가치를 따라 흐른다

경제학적으로 "돈은 가치를 따라 이동한다"라는 원리가 있다. 사람들은 가치 있다고 느끼는 곳에 기꺼이 돈을 지불한다. 그렇다면 나는 세상에 어떤 가치를 제공하는 사람인가?

하나님은 우리를 복사본이 아닌 원본으로 창조하셨다. 나에게는 다른 누구도 흉내 낼 수 없는 고유한 DNA, 특별한 재능, 독특한 경험이 심겨 있다. 이것이 바로 나의 달란트이자 사명이다.

부자가 되기 위해 남들을 따라 하거나 억지로 꾸며 낼 필요가 없다. 하나님이 내게 주신 고유함을 발견하고 그것을 갈고닦아 세상에 내놓을 때 세상은 나의 가치에 반응하게 된다. 내가 자신을 존귀하게 여길 때 세상도 나를 귀하게 대우한다. 내가 자신의 재능을 하나님의 선물로 인정할 때 그 재능은 세상을 섬기는 도구가 되고 그 대가로 물질적인 풍요가 따라오게 된다.

존재의 혁명이 곧 부의 혁명이다. 나는 하나님의 걸작품이다. 오늘 거울을 보며 당당하게 선포하자.

"나는 왕 같은 제사장이다. 나는 이 세상에 반드시 필요한 사람이다!"

믿음이 부자를 만든다

02

나의 가치는
세상에 꼭 필요하다

"우리는 그의 만드신 바라 그리스도 예수 안에서 선한 일을 위하여 지으심을 받은 자니 이 일은 하나님이 전에 예비하사 우리로 그 가운데서 행하게 하려 하심이니라" (에베소서 2:10)

1. 가치와 미션을 찾으라: 나의 오병이어(五餠二魚)

내가 존재하는 가치와 이유, 목적을 정의하고 하나님께서 내게 맡기신 고유한 사명인 나의 오병이어를 구체적으로 규명한다. 여기서 오병(다섯 개의 떡)은 현재 내가 보유한 삶의 현실적 기반을, 이어(두 마리의 물고기)는 내면과 영혼 깊은 곳에 심어 주신 거룩한 부르심과 은사를 의미한다.

· 오병(현실적 자산): 시간, 재능, 경험, 관계, 자원

· 이어(영적 자산): 열정, 은사 (하나님이 주신 특별한 선물)

2. 미션의 본질적 의미를 확인하라

나의 일은 타인에게 어떤 유익을 주고 있을까? 돈을 버는 수단을 넘어 선한 영향력을 정의한다.

예시: "나의 비즈니스는 낙심한 이들에게 다시 일어설 희망과 기회를 제공한다."

3. 가치와 미션을 선언하라

나의 정체성에 대한 가치와 미션을 확고한 믿음으로 문장을 작성하고, 이를 매일 선포함으로써 내면을 강화한다. 말에는 창조의 힘이 있어 내가 선언하는 대로 삶이 빚어진다.

예시: "나는 세상의 결핍을 채우고 어둠을 밝히기 위해 이 땅에 보내진 필연적인 존재다."

03

결단을 위한 기도
: 가치(미션)

오늘의 결단

나는 오늘 하나님이 주신

나의 고유한 가치와 미션을 인정한다.

더 이상 세상과 비교하지 않고

주님이 내게 맡기신 달란트를 발견하여 갈고 닦겠다.

나는 하나님 나라의 영광을 위해 쓰임 받을 존귀한 자이다.

마무리 기도

주님, 제 안에 세상 그 무엇과도 바꿀 수 없는

고유한 가치와 미션을 심어 주셔서 감사합니다.

이제는 세상의 잣대가 아닌

하나님의 시선으로 저를 바라봅니다.

제 손에 들린 오병이어가 비록 작아 보일지라도,

주님 손에 들려질 때 기적이 될 것을 믿습니다.

오늘 제 삶이 누군가에게 축복이 되게 하소서.

예수님의 이름으로 기도드립니다. 아멘.

[Day 2 믿음과 부의 루틴 체크리스트]

☐ **아침 (10분)**

1. 오늘의 말씀과 심층 메시지 묵상하기

2. 나의 가치와 미션(오병이어) 정의하기

3. 정체성 선언 기도 후 하루 시작하기

☐ **저녁 (10분)**

1. 오늘 발견한 나의 탁월한 강점 3가지는?

2. 나의 일이 세상에 반드시 존재해야 하는 이유는?

3. 오늘의 감사 3가지 쓰기

4. 나의 가치와 사명을 깨닫게 하신 하나님께 감사기도 드리기

믿음이 부자를 만든다

Day 3

믿음은 행동으로
증명된다

01

행함이 없는 믿음은
죽은 믿음이다

"이와 같이 행함이 없는 믿음은 그 자체가 죽은 것이라" (야고보서
2:17)

믿음은 명사가 아니라 동사다

우리는 흔히 믿음을 심리적 동의나 지적 확신 정도로 오해하
곤 한다. 마음속으로 "아멘" 하고 고개를 끄덕이면 믿음이 있
다고 생각한다. 그러나 성경이 말하는 살아있는 믿음은 정적
인 상태가 아니다. 그것은 역동적인 움직임이며 위험을 감수
하는 모험이고 보이지 않는 곳을 향해 발을 내딛는 행동이다.

야고보 사도는 "행함이 없는 믿음은 죽은 것"이라고 충격적인 선언을 한다. 아무리 정교하게 만든 조화(造花)라도 생명과 향기가 없듯이 행동으로 표출되지 않는 믿음은 아무런 능력도 일으킬 수 없는 관념의 유희일 뿐이다. 부요함을 원한다고 기도하면서 아무것도 시도하지 않는다면 그것은 믿음이 아니라 망상에 가깝다.

많은 크리스천이 "하나님이 다 해 주실 거야"라는 핑계 뒤에 숨어 게으름을 합리화한다. 그러나 하나님은 우리의 손과 발을 통해 일하신다. 하나님은 감나무 아래 입 벌리고 누워 있는 자가 아니라 감나무를 심고 가꾸는 자에게 열매를 주신다.

요단강의 기적: 발을 적시는 용기

성경의 기적들은 한결같이 인간의 행동과 하나님의 능력이 만나는 접점에서 일어났다. 출애굽 당시 홍해는 하나님께서 밤새 동풍으로 물을 가르신 후에 이스라엘 백성이 건넜다. 그러나 가나안 입성 때의 요단강은 달랐다. 하나님은 여호수아에게 "제사장들이 언약궤를 메고 요단강 물에 들어서

믿음이 부자를 만든다

라"고 명령하셨다(여호수아 3장).

당시 요단강은 홍수기로 물이 넘쳐흐르고 있었다. 급류가 흐르는 강물에 발을 딛는 것은 죽음을 각오한 행동이었다. 물이 갈라진 뒤에 들어가는 것은 누구나 할 수 있다. 그러나 물이 여전히 흐르고 있을 때 하나님의 말씀만 믿고 발을 첨 벙하고 담그는 것이 진짜 믿음이다. 성경은 그들의 발이 물 가에 잠기자마자 흐르던 물이 끊겨졌다고 기록하고 있다.

우리의 삶도 마찬가지다. 모든 조건이 완벽하게 갖춰지기 를 기다린다면(돈이 모이면, 시간이 나면, 확신이 들면) 영원히 시작 할 수 없다. 위험을 감수하는 행동이 기적의 스위치를 켠다. 완벽한 계획보다 어설픈 실행이 낫다. 하나님은 정지해 있는 자동차의 핸들을 돌리시지 않는다. 우리가 움직일 때 하나님 은 방향을 조정해 주시고 가속도를 붙여 주신다.

혈루증 여인의 믿음: 접촉점이 필요하다

12년 동안 혈루증을 앓던 여인은 예수님이 지나가신다는 소문을 들었다. 그녀는 마음속으로 "예수님이라면 나를 고치실 수 있어"라고 생각만 하지 않았다. 그녀는 군중을 뚫고 들어가는 행동을 감행했다. 사람들에게 발각되면 돌에 맞을 수도 있는 부정한 몸이었지만 그녀는 필사적으로 손을 뻗어 예수님의 옷자락을 만졌다.

그 순간 예수님은 "내게서 능력이 나갔다"라고 말씀하셨다. 수많은 군중이 예수님과 몸을 부대끼고 밀쳤지만, 기적을 경험한 사람은 오직 믿음으로 행동한 이 여인뿐이었다.

나의 비전과 미션도 접촉점이 필요하다. 아이디어만 가지고 있어서는 아무 일도 일어나지 않는다.

"사업을 꿈꾼다면 사업자 등록을 하라."
"작가를 꿈꾼다면 오늘 한 줄의 글을 쓰라."
"부자를 꿈꾼다면 단돈 만 원이라도 종잣돈 통장에 넣어라."

그 작은 행동이 예수님의 옷자락을 만지는 믿음의 손길이 된다.

믿음이 부자를 만든다

운동에너지의 법칙: 실행이 답이다

물리학에 '관성의 법칙'이 있다. 정지해 있는 물체는 계속 정지해 있으려 하고 움직이는 물체는 계속 움직이려고 한다. 시작이 가장 힘든 이유는 정지 마찰력이 가장 크기 때문이다. 하지만 일단 바퀴가 구르기 시작하면 적은 힘으로도 계속 나아갈 수 있는 가속도가 붙는다.

성공한 사람들과 부자들의 공통점은 실행력이다. 그들은 고민하는 시간에 시도한다. 실패를 두려워하지 않는 것이 아니라 시도하지 않으므로 인해 후회하는 것을 더 두려워한다.

지금 내가 미루고 있는 "그 한 가지 일은 무엇일까?" 완벽주의라는 가면을 쓴 두려움을 벗어버려야 한다. 하나님은 나의 성공을 보장하시기보다 나의 순종을 기뻐하신다. 내가 한 걸음을 내디딜 때 하나님은 열 걸음을 다가오신다. 믿음은 명사가 아니라 동사이다. 지금 움직여라.

02

실행 전 성공한 모습을
시각화한다

"이는 우리가 믿음으로 행하고 보는 것으로 하지 아니함이로라" (고

린도후서 5:7)

1. 믿음을 실행의 언어로 번역하라

거창한 계획에 압도되지 말고 비전과 미션을 향해 오늘 당
장 시작할 수 있는 작고 구체적인 행동 하나를 결정하고 실
행한다.

예시: "아이디어 메모하기, 멘토에게 연락하기, 관련 서적
10페이지 읽기, 상품 기획안 초안 작성 등."

2. 성취의 순간을 감각적으로 리허설하라

행동하기 전, 눈을 감고 성공적으로 그 일을 마친 모습을 시뮬레이션해 본다. 오감을 통해 성취의 기쁨과 보람을 미리 맛볼 때 우리의 행동은 과감하고 정교해진다.

. 시각: 목표를 달성한 나의 당당한 표정과 변화된 주변 환경을 본다.
. 청각: 사람들의 축하 인사 그리고 나 자신에게 들려주는 칭찬의 목소리를 듣는다.
. 촉각: 성공이 주는 묵직한 안정감 그리고 성취의 질감을 온몸으로 느낀다.
. 후각·미각: 승리의 순간에 흐르는 공기의 냄새와 분위기까지 음미해 본다.
. 감정: "나는 이미 그 자리에 있다." 결과를 확신하는 사람만이 누릴 수 있는 깊은 기쁨과 평안을 만끽한다.

3. 믿음의 선언과 함께 첫발을 떼라

행동은 믿음의 증거이다. 나의 작은 움직임이 위대한 결과

를 낳을 것을 의심치 않으며 마음속으로 단단히 선언하며 시
작한다.

"하나님, 저는 지금 믿음으로 이 일을 시작합니다. 저의 작
은 시작이 주님의 뜻 안에서 풍성한 열매가 될 것을 확신합
니다."

03

결단을 위한 기도
: 행동

오늘의 결단

나는 오늘 믿음을 행동으로 옮기기로 결단한다.
작은 행동일지라도 하나님께서 그것을 사용하셔서
큰 기적을 만드실 것을 믿는다.
나는 두려움을 넘어 믿음의 발걸음을 내딛는 실행가이다.

마무리 기도

주님, 제 안에 주신 믿음이
관념에 머물지 않고 살아있는 행동이 되게 하소서.
실패에 대한 두려움으로 머뭇거리는 발을 붙잡아 주시고,
불확실함 속에서도 말씀을 의지하여

한 걸음을 내딛게 하소서.

저의 작은 순종 위에

주님의 위대한 능력이 임할 것을 믿습니다.

예수님의 이름으로 기도드립니다. 아멘.

[Day 3 믿음과 부의 루틴 체크리스트]

□ 아침 (10분)

1. 오늘의 말씀과 심층 메시지 묵상하기

2. 오늘 실행할 작은 행동 하나를 정하고 시각화하기

3. 믿음의 선언과 기도 후 실행하기

□ 저녁 (10분)

1. 오늘 내가 실행한 믿음의 행동은 무엇인가?

2. 오늘의 작은 행동이 내 믿음을 어떻게 증명했는가?

3. 오늘의 감사 3가지 쓰기

4. 성공의 장면을 담대한 실행으로 옮기게 하신 하나님께 감사기

   도 드리기

Day 4

이미
이루어졌다고 믿으라

01

믿음은 현실로
만드는 힘이다

"믿음은 바라는 것들의 실상이요 보지 못하는 것들의 증거니" (히브

리서 11:1)

믿음은 등기권리증이다

히브리서 11장 1절은 믿음에 대한 가장 완벽한 정의를 내리고 있다. 여기서 실상이라고 번역된 헬라어 휘포스타시스(Hypostasis)는 법률적 용어로 권리증서 혹은 등기 문서를 뜻한다. 즉, 믿음은 단순히 "잘될 거야"라고 바라는 막연한 희망 사항이 아니라 내가 소유한 땅의 집문서와 같이 확실한 소유의 증거라는 것이다.

예를 들어 내가 온라인으로 물건을 주문하고 결제까지 마쳤다고 가정해 보자. 아직 택배 상자는 내 손에 도착하지 않았다. 하지만 나는 그 물건이 내 것이라고 확신한다. 이미 값을 지불했고 주문이 완료되었기 때문이다. 믿음이 바로 이와 같다. 기도는 주문이고 예수님의 이름은 결제이며 믿음은 배송 조회 화면이다.

눈에 보이지 않아도, 손에 잡히지 않아도, 믿음이 있는 사람은 불안해하지 않는다. 영적인 세계에서는 이미 거래가 완료되었음을 알기 때문이다. 많은 사람이 "보여 주면 믿겠다"라고 말한다. 하지만 영적 법칙은 정반대이다.

"믿으면 보게 된다."

시간을 초월하는 믿음의 힘

우리는 과거, 현재, 미래의 3차원 시간 속에서 살고 있다. 하지만 믿음은 4차원의 영적 세계에 속한 능력으로 시간을 초월한다. 믿음은 먼 미래에 있는 복을 지금 여기로 끌어당겨 사용하는 힘이다.

사도 바울은 로마서 4장에서 아브라함의 믿음을 설명하며 "하나님은 없는 것을 있는 것으로 부르시는 분"이라고 묘사한다. 아브라함은 이삭이 태어나지 않았을 때의 현실은 자식이 없는 노인이었지만 하나님의 시간 속에서 그는 이미 수많은 민족의 조상이었다.

이것이 이미 이루어짐의 영성이다. 예수님께서 십자가 위에서 "다 이루었다"라고 선언하셨을 때 우리의 구원뿐만 아니라 가난과 저주로부터의 해방도 완성되었다. 우리는 승패를 모른 채 싸우는 자들이 아니다. 이미 이겨 놓은 싸움을 확인하러 가는 자들이다. 나의 부, 건강, 사명 성취는 하나님의 보물 창고에 이미 준비되어 있다.

엘리야의 기도: 빗소리를 듣는 귀

열왕기상 18장에서 엘리야 선지자는 3년 반 동안의 가뭄 끝에 비가 올 것을 예언한다. 당시 하늘은 여전히 맑았고 구름 한 점 없었다. 하지만 엘리야는 아합왕에게 "올라가서 먹고 마시소서 큰비의 소리가 있나이다"라고 말한다.

아무런 징조도 없었지만, 엘리야의 믿음의 귀에는 이미 장대비가 쏟아지는 소리가 들렸던 것이다. 그는 산꼭대기에 올라가 머리를 무릎 사이에 넣고 간절히 기도했다. 여섯 번을 확인해도 아무 변화가 없었지만, 일곱 번째에 사람의 손만한 작은 구름이 보이자, 그는 확신했다. 그리고 곧 큰비가 쏟아졌다.

부자는 돈 냄새를 잘 맡는다고 한다. 영적인 부자는 축복의 소리를 먼저 듣는 사람이다. 통장이 비어 있어도, 사업이 어려워도, 믿음의 사람은 절망하지 않는다. 영 안에서 이미 쏟아지는 풍요의 빗소리를 듣기 때문이다. 이 내면의 확신이 있는 사람은 환경에 휘둘리지 않고 담대하게 나아갈 수 있다.

가진 자처럼 행동하라

"무엇이든지 기도하고 구하는 것은 받은 줄로 믿으라 그리

믿음이 부자를 만든다

하면 너희에게 그대로 되리라"(마가복음 11:24)는 말씀의 핵심은 받을 줄로(미래형)가 아니라, 이미 '받은 줄로(과거 완료형)' 믿는 것이다.

소원하던 것이 이미 이루어졌다면 나의 태도는 어떻게 변할까?

"불안해하며 전전긍긍할까? 아니면 여유롭고 평안할까?"
"인색하게 굴까? 아니면 넉넉하게 베풀까?"
"어깨를 늘어뜨리고 다닐까? 아니면 당당하게 걸을까?"

믿음의 완성은 태도의 변화이다. 진짜 믿는다면 나의 표정과 말투, 걸음걸이가 바뀌어야 한다. 부자가 되고 싶다면 마음으로 먼저 부자의 여유와 품격을 입어야 한다. 결핍의 파동을 내보내면 결핍이 끌려오고 풍요의 파동을 내보내면 풍요가 끌려온다. "나는 이미 가졌다"라는 당당함으로 오늘을 살아야 한다. 현실은 결국 나의 믿음을 따라오게 되어 있다.

02

이미
이루어졌음을 선언한다

*"너희가 기도할 때에 무엇이든지 믿고 구하는 것은 다 받으리라 하
시니라"* (마태복음 21:22)

1. 믿음의 선언을 명상하라

내면의 소음을 잠재우고 3분간 고요히 눈을 감아 영적 실
재를 마주한다. 반복은 확신을 낳는다. 단순한 암기가 아닌
문장 하나하나가 내 영혼에 스며들어 완전히 하나가 될 때까
지 마음속으로 깊이 선포한다.

예시: "이미 이루어졌습니다. 나는 지금 하나님께서 예비

하신 풍요와 은혜의 바다 한가운데 거하고 있습니다."

2. 미래를 현재로 소환하라

갈망하는 삶을 이미 도래한 현실의 언어로 종이에 새긴다. 되고 싶다는 결핍의 언어를 버리고, '되어 있다'라는 성취의 언어를 사용할 때 미래는 현재로 당겨진다. 펜 끝으로 나의 믿음을 확증한다.

예시: "나의 일터는 이미 놀라운 성과로 빛나고 있으며, 만나는 모든 이에게 은혜가 흘러가고 있다."

3. 가진 자의 품격으로 행동하라

이미 받은 사람처럼 생각하고, 말하고, 움직인다. 조급함 대신 가진 자의 여유와 평안을 선택하는 나의 태도가 미래를 현실로 끌어당긴다.

03

결단을 위한 기도
: 믿음 선포

오늘의 결단

나는 오늘 믿음으로 "이미 이루어졌다"라고 선포한다.
나의 현재는 하나님의 약속 안에서 이미 완성된 미래다.
나는 두려움 대신 믿음을 선택하며
이미 주신 풍요를 누리며 살아간다.

마무리 기도

주님, 믿음의 눈을 열어 주셔서 감사합니다.
육신의 눈에는 보이지 않으나
영의 눈으로 이미 이루어진 복을 보게 하시니 감사합니다.
제가 입술로 선포하는 모든 말이 현실이 되게 하시고,

믿음이 부자를 만든다

"받은 줄로 믿으라"고 하신 말씀대로

오늘을 승리자로 살게 하옵소서.

예수님의 이름으로 기도드립니다. 아멘.

[Day 4 믿음과 부의 루틴 체크리스트]

☐ **아침 (10분)**

1. 오늘의 말씀과 심층 메시지 묵상하기

2. '이미 이루어졌다' 3분 명상 및 성취문 기록하기

3. 가진 자의 여유를 가지고 기도로 하루 시작하기

☐ **저녁 (10분)**

1. "이미 이루어졌다"라고 선포하는 순간 내 감정은 어떻게 변했
   는가?

2. 오늘 내 태도에서 발견한 긍정적 변화 3가지는?

3. 오늘의 감사 3가지 쓰기

4. 미래의 복을 오늘의 현실로 앞당겨 주신 하나님께 감사기도 드
   리기

Day 5

감사는 창조의
문을 연다

01

감사는
하나님의 뜻이다

"범사에 감사하라 이는 그리스도 예수 안에서 너희를 향하신 하나

님의 뜻이니라" (데살로니가전서 5:18)

감사는 반응이 아니라 창조다

일반적으로 사람들은 좋은 일이 생겼을 때 반응으로 감사
한다. 선물을 받았을 때, 승진했을 때, 돈을 벌었을 때 하는
감사는 누구나 할 수 있는 자연스러운 감정이다. 그러나 성
경이 명하는 '범사(모든 일)에 감사'는 차원이 다르다. 이것은
조건에 대한 반응이 아니라 상황을 변화시키는 능동적인 창
조 행위이다.

감사는 단순한 예의나 도덕적 덕목이 아니다. 영적인 세계에서 감사는 문(門)과 같다. 원망과 불평은 닫힌 문이다. 이스라엘 백성은 광야에서 끊임없이 불평하다가 약속의 땅을 눈앞에 두고도 들어가지 못했다. 반면, 감사는 닫힌 하늘 문을 열고 막힌 담을 허무는 영적 마스터키이다.

하나님은 우리가 고난 중에도 감사하기를 원하신다. 우리를 맹목적인 순종으로 몰아넣기 위함이 아니다. 내가 감사할 때 나의 시선이 문제에서 하나님께로 옮겨지기 때문이다. 감사는 "이 상황보다 하나님이 더 크십니다"라는 최고의 신앙고백이다. 이 고백 위에 하나님은 일하신다.

오병이어의 비밀: 감사가 기적을 낳는다

예수님께서 보리떡 다섯 개와 물고기 두 마리로 5천 명을 먹이신 기적의 현장을 보자(요한복음 6장). 수많은 군중 앞에 놓인 것은 턱없이 부족한 어린아이의 도시락뿐이었다. 제자들은 "이것으로 무엇을 하겠습니까?"라며 계산하고 불평했다.

믿음이 부자를 만든다

하지만 예수님은 그 작고 초라한 음식을 들고 축사(감사기도)하셨다. 놀랍게도 기적은 떡이 5천 개로 불어난 뒤에 감사한 것이 아니라 부족한 상태에서 감사했을 때 시작되었다. 감사가 떼어지는 순간 떡은 계속해서 불어났다.

이것이 선취(先取) 감사의 위력이다. 부족함을 보고 원망하면 있는 것마저 빼앗기지만 부족함 속에서도 감사를 심으면 그것이 씨앗이 되어 풍성한 숲을 이룬다. 나의 재정 상태가 오병이어처럼 초라한가? 불평을 멈추고 그것을 들어 하나님께 감사하라. "주님, 이것이라도 주셔서 감사합니다." 그 고백이 기적의 증폭 장치가 된다.

나사로의 무덤 앞에서: 미리 감사하라

예수님은 죽은 나사로의 무덤 앞에서도 동일한 원리를 보여 주셨다. 돌무덤을 향해 서신 예수님은 나사로가 걸어 나오기 전에 먼저 이렇게 기도하셨다.

"아버지여 내 말을 들으신 것을 감사하나이다." (요한복음 11:41)

아직 시체는 썩은 냄새를 풍기고 있었고 아무런 변화도 없었지만, 예수님은 하나님이 응답하셨음을 믿고 과거 완료형으로 감사했다. 그리고 "나사로야 나오라"고 명령하자 죽은 자가 살아났다.

가장 높은 수준의 믿음은 미리 하는 감사이다. 응답을 받은 후에는 누구나 감사할 수 있다. 그러나 응답이 오지 않았을 때 미리 감사하는 것은 하나님을 전적으로 신뢰한다는 증거이다. 나의 비전이 아직 무덤 속에 있는 것 같은가? 돌문을 향해 미리 감사하자. 나의 선제적인 감사가 죽어있는 비전을 생명으로 불러낼 것이다.

언어의 온도를 바꾸면 환경이 바뀐다

감사는 영적인 공기청정기와 같다. 불평과 원망은 영적 대기를 오염시키고 마귀가 활동하기 좋은 어둡고 습한 환경을 만든다. 반면, 감사는 영적 대기를 맑고 밝게 정화하여 성령님이 일하시기 좋은 환경을 조성한다.

언어에는 온도가 있다. 차가운 비판과 불평의 말은 관계를 얼어붙게 하고 돈을 쫓아낸다. 따뜻한 감사의 말은 사람의 마음을 녹이고 복을 끌어당긴다. 유대인 속담에 "감사할 줄 아는 사람에게는 장미가 주어지지만, 감사할 줄 모르는 사람에게는 가시만 남는다"라는 말이 있다.

오늘 하루, 의지적으로 입술의 언어를 통제하라. 상황이 좋지 않아도 "그래도 감사합니다", "이 일을 통해 더 좋은 것을 주실 줄 믿고 감사합니다"라고 선포하라. 감사는 고통을 해석하는 관점을 바꾸고 고난을 복의 재료로 변화시키는 연금술이다. 감사가 넘치는 곳에 결핍은 머물 수 없다. 감사는 풍요의 문을 여는 가장 확실한 열쇠이다.

02

이루어진 미래를
감사한다

오늘의 실천 과제

"또 무엇을 하든지 말에나 일에나 다 주 예수의 이름으로 하고 그를 힘입어 하나님 아버지께 감사하라" (골로새서 3:17)

1. 현재의 소유를 재조명하라

지금 내가 누리고 있는 10가지를 찾아 감사의 자산으로 기록한다. 우리는 없는 것을 세는 데 익숙하지만, 부자는 이미 가진 것을 세는 데 능숙하다. 건강, 가족, 일터, 나를 찾는 고객, 스쳐 가는 작은 기회, 배움의 순간 등 사소해 보이는 일상에 숨겨진 보석을 발굴해 적어 본다. 그것이 더 큰 복을 담을 그릇이 된다.

믿음이 부자를 만든다

2. 미래를 감사로 앞당겨라

아직 이루어지지 않은 목표를 이미 받은 선물처럼 감사기도로 기록한다. 믿음은 시간을 초월한다. 미래의 성취를 현재로 가져오는 가장 강력한 방법은 미리 감사하는 것이다. 나의 비즈니스와 삶에 일어날 기적을 확신하며 선포한다.

예시: "주님, 제 사업장에 넘치는 풍요와 충성된 고객을 보내 주심에 감사합니다. 우리 기업이 세상에 선한 영향력을 흘려보내게 하시니 감사합니다."

3. 언어의 온도를 바꾸라

오늘 하루, 입술의 언어를 철저히 감사로 채운다. 불평을 삼키고 그 자리를 감사로 채울 때 나를 둘러싼 영적 환경이 변하기 시작한다. 부정적인 상황조차 감사의 재료로 바꿀 때 문제는 기회로 역전된다.

03

결단을 위한 기도
: 감사

오늘의 결단

나는 오늘 원망 대신 감사를 선택한다.
감사는 하나님의 뜻이며 감사는 창조의 문을 연다.
내가 감사하는 순간
내 삶에 새로운 가능성과 은혜가 흘러넘치게 된다.

마무리 기도

주님, 모든 순간에
감사할 수 있는 믿음을 주셔서 감사합니다.
부족함을 세기보다 이미 주신 은혜를 기억하게 하소서.
아직 제 손에 잡히지 않은 미래의 복도

믿음이 부자를 만든다

믿음으로 미리 감사하오니,

그 감사가 제 삶의 문을 열어

하늘의 풍요가 흘러넘치게 하옵소서.

예수님의 이름으로 기도드립니다. 아멘.

[Day 5 믿음과 부의 루틴 체크리스트]

☐ **아침 (10분)**

1. 오늘의 말씀과 심층 메시지 묵상하기

2. 현재의 감사 10가지와 미래 감사기도 기록하기

3. 입술의 말을 감사로 채우기로 결단 기도하고 하루 시작하기

☐ **저녁 (10분)**

1. 오늘 새롭게 찾아낸 놓치고 있던 복은 무엇인가?

2. 감사로 미리 확정한 나의 미래 모습은?

3. 오늘의 감사 3가지 쓰기

4. 믿음과 부의 루틴을 완성해 주신 하나님께 감사기도 드리기

04

5일 루틴
7번 반복하기

"게으른 자여 개미에게로 가서 그 하는 것을 보고 지혜를 얻으라 개
미는 두령도 없고 간역자도 없고 주권자도 없으되 먹을 것을 여름
동안에 예비하며 추수 때에 양식을 모으느니라" (잠언 6:6~8)

왜 5일씩 7번인가?

심리학적으로 습관이 형성되는 최소 시간은 21일이지만
그것이 몸과 영혼에 완전히 각인되어 새로운 운명이 되기 위
해서는 더 깊은 임계점이 필요하다.

· 5일: 하나님의 은혜가 나의 생각(비전), 가치(미션), 행동, 믿음(선
포), 감사로 흘러가는 주기
· 7번: 성경에서 7은 완전함과 성취를 상징하는 숫자

· 35일: 나의 의식, 감정, 행동이 믿음과 부의 시스템으로 완전히 재프로그래밍되는 시간

이 믿음과 부의 루틴을 7주간 반복할 때 나의 의식적인 노력을 넘어 무의식까지 믿음으로 반응하고 부요함을 끌어당기는 부의 체질로 변화된다. 성경의 역사가 증명하듯 하나님께서 주신 비전은 하나님의 시간(카이로스)에 반드시 성취된다. 그러므로 나의 '비전(씨앗)이 눈앞의 진정한 현실이 될 때까지' 이 거룩한 루틴을 멈추지 말고 지속해야 한다.

[35일 실천 진행표]

(매일 아침, 저녁 루틴을 완수하고 승리의 표시로 체크한다.)

주차	Day 1 생각(비전)	Day 2 가치(미션)	Day 3 행동	Day 4 믿음(선포)	Day 5 감사
1주, 씨앗 심기	☐	☐	☐	☐	☐
2주, 뿌리 내리기	☐	☐	☐	☐	☐
3주, 싹 트기	☐	☐	☐	☐	☐
4주, 줄기 자라기	☐	☐	☐	☐	☐
5주, 잎이 무성해지기	☐	☐	☐	☐	☐
6주, 꽃이 피기	☐	☐	☐	☐	☐
7주, 열매 맺기	☐	☐	☐	☐	☐

[35일 완주 후 기록할 나만의 간증]

1. 이 여정을 통해 내 삶과 내면에서 일어난 구체적 변화 3가지는
   무엇인가?

2. 앞으로 평생 지속할 나만의 '거룩한 루틴' 1가지는 무엇인가?

3. 하나님께 영광 돌리는 삶에 대한 나의 다짐은 무엇인가?

*"사람이 마음으로 자기의 길을 계획할지라도 그 걸음을 인도하는
자는 여호와시니라"* (잠언 16:9)

믿음이 부자를 만든다

3장

하나님께
영광 돌리는
삶

01

부의 목적은 하나님께 영광 올림이다

"그런즉 너희가 먹든지 마시든지 무엇을 하든지 다 하나님의 영광을 위하여 하라" (고린도전서 10:31)

부의 본질에 대한 질문: 왜 부자가 되어야 하는가?

자본주의 시대를 살아가는 우리는 끊임없이 더 많이, 더 높이, 더 빨리를 외치는 세상의 소음에 노출되어 있다. 서점에 가득한 베스트셀러들은 하나같이 부자가 되는 기술, 자산을 증식하는 비법을 가르친다. 물론 성경은 부를 부정하지 않는다. 아브라함, 이삭, 야곱, 욥, 다윗, 솔로몬 등 믿음의 거장들은 당대 최고의 부자들이었다. 그러나 성경이 말하는 부와 세상이 말하는 부 사이에는 결정적인 차이가 있다. 그것은 바로 방향성과 목적이다.

세상의 부는 자아를 향한다. 나의 안락, 나의 명예, 나의 과시가 목적이다. 그러나 역사를 돌아보라. 전 세계를 정복하고 막대한 부를 거머쥐었던 알렉산더 대왕은 죽기 전 "내 손을 관 밖으로 내놓아라. 천하를 쥐었던 나도 빈손으로 간다는 것을 보여 주리라"는 유언을 남겼다. 당대 최고의 부귀영화를 누렸던 솔로몬조차 하나님 없는 부의 끝에서 "헛되고 헛되며 헛되고 헛되니 모든 것이 헛되도다"(전도서 1:2)라고 고백했다. 부 자체가 목적이 될 때 그 끝은 언제나 공허함이다. 영혼은 물질로 채워질 수 없기 때문이다.

그렇다면 기독교 신앙인에게 부(富)란 무엇인가? 부는 하나님께서 우리에게 잠시 맡기신 위탁물이자 하나님의 뜻을 이 땅에 실현하기 위한 도구다. 먹든지 마시든지, 돈을 벌든지 쓰든지, 그 모든 행위의 최종 목적지는 하나님의 영광이어야 한다. 영광을 돌린다는 것은 추상적인 종교 행위가 아니다. 내가 가진 재능과 물질을 통해 하나님의 성품(사랑, 공의, 자비)이 세상에 드러나는 것이 바로 하나님께 영광을 돌리는 삶이다.

시선의 전환: 성공에서 영광으로

미네랄메이커를 개발하고 사업을 확장해 나가는 과정에서 나는 이 본질적인 질문과 수없이 싸워야 했다. 사업 초기 나의 솔직한 내면에는 성공하고 싶다는 욕망이 꿈틀거렸다.

"내 제품이 대박 나서 업계 1위를 하고 싶다."
"높은 매출을 올려서 사람들에게 인정받고 싶다."

이런 마음이 들 때마다 사업은 무거워졌고 경쟁자들의 동향에 예민해졌으며 작은 실패에도 마음이 요동쳤다. 그러나 하나님께서는 그때마다 사건을 통해 내 시선을 교정해 주셨다.

한번은 대규모 카페 전시회에 참가했을 때의 일이다. 나는 전시 부스 안에서 "오늘 몇 건이나 계약이 성사될까?"에만 골몰해 있었다. 그때 한 중년의 카페 사장님이 나에게 다가왔다. 그리고 반가운 목소리로 말했다.

"대표님, 정말 고맙습니다. 우리 가게는 커피 맛이 안 잡혀

서 폐업까지 고민했었습니다. 그런데 미네랄메이커 정수필
터로 바꾸고 나서 손님들이 커피 맛이 너무 좋아졌다며 다시
찾아옵니다. 덕분에 제가 다시 일어설 힘을 얻었습니다."

그 순간 머리를 한 대 얻어맞은 듯한 충격을 받았다. 나는
매출을 생각하고 있었는데 하나님은 한 영혼의 생업을 살리
는 일을 하고 계셨다. 내가 만든 제품이 단순한 상품이 아니
라 누군가의 무너진 삶을 일으켜 세우는 하나님의 도구로 쓰
임 받았다는 사실에 전율이 일었다.

"아, 이것이 영광이구나. 내 통장이 불어나는 것이 영광이
아니라 내 제품을 통해 누군가가 하나님의 위로와 회복을 경
험하는 것이 진짜 영광이구나."

그날 이후 나의 경영 철학은 완전히 바뀌었다. 얼마나 벌
것인가에서 어떻게 섬길 것인가로, 시장 점유율에서 고객의
회복으로 목표가 이동했다. 놀랍게도 영광의 방향을 하나님
께로 돌리면서 매출과 성장의 사업 기회는 덤으로 따라오기
시작했다.

믿음이 부자를 만든다

광야에 길을 내시는 하나님: 주권의 인정

우리가 하나님께 영광을 돌려야 하는 또 다른 이유는 모든 성취의 원인이 내가 아니기 때문이다. 사업을 하다 보면 내 힘으로는 도저히 넘을 수 없는 벽을 만난다. 자금줄이 막히고 기술 개발이 정체되고 판로가 보이지 않는 캄캄한 밤이 찾아온다.

나 또한 미네랄메이커의 효능을 입증해야 하는 결정적인 순간에 벽에 부딪혔다. 중소기업의 한계상 막대한 비용이 드는 임상 실험이나 전문적인 연구를 진행하기가 어려웠다. 인간적인 방법은 모두 막혀 있었다. 그러나 내가 할 수 없음을 인정하고 하나님께 무릎 꿇었을 때 하나님은 뜻밖의 문을 여셨다.

어느 의과대학 연구팀과 기적적으로 연결이 되었고 그들과의 공동 연구를 통해 "마그네슘 알칼리 이온 워터가 고혈당으로 손상된 신장 세포를 보호한다"라는 유의미한 결과를 얻게 되었다. 이 연구 결과가 권위 있는 SCIE 국제 학술지에

등재되었을 때 나는 실험실 한구석에서 조용히 고백했다.

"주님, 이것은 제가 한 것이 아니라 하나님께서 하셨습니다."

내가 했다고 주장하면 교만이 되지만 하나님이 하셨다고 고백하면 영광이 된다. 실패는 나의 무능함을 깨닫게 하여 겸손하게 만들고, 성공은 하나님의 전능하심을 찬양하게 하여 예배자로 만든다. 그러므로 돈을 벌고 목표를 이루는 모든 과정이 그 자체로 하나님께 드리는 예배가 되어야 한다.

영광을 돌리는 삶의 3가지 실제

그렇다면 오늘 우리의 일터와 삶에서 구체적으로 어떻게 하나님께 영광을 돌릴 수 있을까?

① 과정의 정직함

결과만 좋으면 된다는 세상의 논리를 거부해야 한다. 세금 문제, 직원 대우, 거래처와의 관계에서 손해를 보더라도 정직을 선택할 때 세상은 나를 통해 하나님을 본다. 정직한 경영 자체가 하나님을 향한 찬양이다.

② 은혜의 고백

작은 성취라도 나의 능력으로 포장하지 않아야 한다. 직원들에게, 고객들에게, 그리고 가족들에게 "이 모든 것이 하나님의 은혜였습니다"라고 입술로 시인하는 태도가 필요하다. 헤롯 왕은 영광을 하나님께 돌리지 않아 벌레에게 먹혀 죽었음을 기억하라(사도행전 12:23).

③ 도구로서의 사용

부를 축적하는 데 그치지 않고 그 부를 통해 이웃을 섬기고 선교를 돕고 약한 자를 세우는 데 사용할 때 부는 비로소 거룩해진다. 고인 물은 썩지만, 흐르는 물은 생명을 살린다.

삶의 교훈

† 부는 목적지가 아니라 사명을 향해 가는 연료다.

† 내가 성공하는 것보다 나를 통해 누군가가 살아나는 것이 더 큰 영광이다.

† "내가 했다"라는 말을 지우고, "하나님이 하셨다"라는 말을 새길 때 기적은 계속된다.

† 하나님의 영광을 위해 사용되는 부는 결코 타락하지 않는다.

믿음이 부자를 만든다

02

진짜 부는 소유가 아니라
나눔이다

"범사에 너희에게 모본을 보였노니 곧 이같이 수고하여 약한 사람들을 돕고 또 주 예수의 친히 말씀하신바 주는 것이 받는 것보다 복이 있다 하심을 기억하여야 할지니라" (사도행전 20:35)

흐르지 않는 바다, 사해(Dead Sea)의 교훈

이스라엘에는 두 개의 큰 물줄기가 있다. 북쪽의 갈릴리 호수와 남쪽의 사해. 똑같은 요단강 물이 흘러 들어오지만, 두 호수의 운명은 정반대다. 갈릴리 호수는 물을 받아들인 만큼 아래로 흘려보내기에 수많은 물고기가 뛰놀고 생명이 넘치는 풍요의 바다가 되었다. 반면 사해는 물을 받기만 하고 내보내지 않는다. 오직 증발만 할 뿐이다. 그 결과 염분 농도가 너무 높아 어떤 생명체도 살 수 없는 죽음의 바다가 되었다.

부(富)의 원리도 이와 같다. 세상은 "움켜쥐어야 내 것이 된다"라고 가르친다. 그러나 성경적 경제학은 역설을 말한다. "움켜쥐면 썩고 흘려보내면 산다." 소유 자체를 목적으로 삼는 사람은 영적인 사해와 같다. 겉으로는 부자처럼 보일지 모르나 그 내면은 탐욕과 불안으로 인해 생명력을 잃어버린 상태다. 진정한 부자는 소유의 크기가 아니라 나눔의 크기로 결정된다. 하나님은 우리를 부의 저수지가 아니라 부가 흘러가는 파이프(통로)로 부르셨다.

고통을 덜어주는 나눔: 워터보틀의 기적

미네랄메이커 워터보틀을 개발하면서 나는 이 제품이 단순한 공산품이 아니기를 기도했다. 어느 날 항암 치료를 받는 지인의 소식을 듣게 되었다. 항암제 투여로 인해 구강이 건조해지고 물비린내 때문에 물을 삼키는 것조차 고통스러워한다는 이야기를 들었을 때 마음이 너무나 아팠다.

나는 위로의 마음을 담아 미네랄메이커 워터보틀을 그에게 선물로 보냈다. 며칠 후 전해온 피드백은 내 눈시울을 붉게 만들었다.

"목 넘김이 너무 부드러워서 물 마시기가 훨씬 수월해졌어요. 물을 마실 때마다 누군가 나를 위해 기도해 주고 있다는 생각이 들어서 마음까지 치유되는 것 같아요. 고마워요."

그때 깨달았다. 진짜 부유함이란 통장에 찍힌 숫자가 아니라 내가 가진 것으로 타인의 고통을 덜어줄 수 있는 능력임을. 내 작은 나눔이 누군가에게는 생명수가 되고 위로가 될 수 있다는 사실은 억만금을 버는 것보다 더 큰 충만함을 주었다. 나눔은 받는 사람뿐만 아니라 주는 사람의 영혼을 더 부요하게 만든다.

국경을 넘는 나눔: 커피 한 잔에 담긴 사랑

나는 사업을 시작할 때부터 나눔에 대해 늘 관심을 가지고 있었다. 미네랄메이커 정수필터가 전국의 카페로 퍼져 나가면서 나는 커피의 원산지에 대해 생각하게 되었다. 우리가 매일 즐기는 향긋한 커피 한 잔 뒤에는 먼 땅 아프리카와 남

미의 가난한 농부들의 땀방울이 서려 있다. 특히 에티오피아의 열악한 환경에서 자라나는 아이들이 마음에 밟혔다.

나는 결단했다. 한국의 카페에 미네랄메이커 정수필터를 공급하는 계획을 세우면서 에티오피아 어린이의 교육과 생활을 지원하기로 했다. 이것은 단순한 기부활동이 아니다. "카페에서 내리는 커피 한 잔이 지구 반대편의 아이를 살린다"라는 가치를 카페 사장님들과 공유하는 것이다.

이 나눔은 선순환을 일으킨다. 카페 사장님들은 단순히 제품을 구매하는 소비자가 아니라 기부에 동참하는 후원자가 되는 자부심을 느끼게 된다. 나눔은 비즈니스의 격을 높이고 거래 관계를 가치 공동체로 변화시킨다. 부는 나만을 위해 쓸 때보다 이웃을 위해 흘려보낼 때 더 강력한 영향력을 발휘한다.

지식의 나눔: 미네랄메이커 캠퍼스

나눔은 꼭 돈으로만 하는 것이 아니다. 하나님이 주신 지식과 경험을 나누는 것도 훌륭한 나눔이다. 나는 네이버 블

믿음이 부자를 만든다

로그 '미네랄메이커 캠퍼스'를 개설하여, 물과 건강 그리고 맛있는 커피와 카페 경영에 대한 전문 지식을 꾸준히 연재하고 있다.

많은 기업이 노하우를 영업 비밀이라며 감추려 한다. 그러나 나는 정보를 독점하기보다 공유하기를 택했다. 고객들이 올바른 물을 선택하고 카페 사장님들이 더 맛있는 커피를 추출할 수 있도록 돕는 것이 나의 사명이라 믿었기 때문이다.

어느 날 한 독자가 댓글을 남겼다.

"물을 바꿨더니 저와 가족들의 건강이 좋아졌습니다. 귀한 정보를 나눠 주셔서 감사합니다."

이것이 바로 지식의 선한 청지기가 누리는 기쁨이다. 내가 가진 것을 움켜쥐면 나 혼자만 알게 되지만 그것을 나누면 수많은 사람의 삶이 개선된다.

주는 자가 받는 복

예수님은 "주는 것이 받는 것보다 복이 있다"라고 말했다. 이것은 도덕적 권면이 아니라 영적 원리다. 농부가 씨앗을 땅에 뿌리는(나누는) 행위는 씨앗을 잃어버리는 것이 아니다. 오히려 더 많은 열매를 거두기 위한 파종이다.

우리가 하나님 나라를 위해 이웃을 위해 물질과 재능을 흘려보낼 때 하나님은 그 빈 곳을 하늘의 것으로 다시 채우신다. 나눔은 부가 줄어드는 마이너스(-)가 아니라 하나님의 복이 곱해지는 승수(x) 효과를 낸다.

삶의 교훈

† 고인 물은 썩지만 흐르는 물은 생명을 살리고, 나눔은 부의 유통기한을 영원으로 늘린다.
† 가장 가치 있는 돈은 나를 위해 쓴 돈이 아니라 남을 위해 심은 돈이다.
† 물질뿐만 아니라 지식, 경험, 위로 등 내가 가진 모든 것이 나눔의 재료다.
† 나눔은 하나님이 주신 부를 사용하는 가장 거룩하고 지혜로운 투자다.

03

하나님과 동행하는 풍요의 삶

"너희는 먼저 그의 나라와 그의 의를 구하라 그리하면 이 모든 것을 너희에게 더하시리라" (마태복음 6:33)

풍요의 재정의: 소유에서 존재로

세상 사람들은 풍요의 기준을 외부 조건에 둔다. 강남의 아파트, 고급 승용차, 든든한 노후 자금이 있어야 풍요롭다고 말한다. 그러나 우리는 뉴스를 통해 재벌가의 다툼, 유명 연예인의 우울증 소식을 접하며 깨닫는다. 물질적 풍요가 내면의 평안을 보장하지 않는다는 것을.

진정한 풍요는 무엇을 가졌느냐의 문제가 아니라 누구와 함께하느냐의 문제다. 어린아이는 지갑에 돈이 없어도 부모의 손을 잡고 있으면 세상을 다 가진 듯 당당하다. 부모가 공급자임을 알기 때문이다. 신앙인의 풍요도 마찬가지다. 천지를 지으신 하나님이 나의 아버지 되시고 나와 동행하신다는 확신이 있을 때 우리는 환경을 초월한 진짜 풍요를 누릴 수 있다.

위기의 밤에 만난 하나님

미네랄메이커를 이끌어오면서 나에게도 칠흑 같은 어둠의 터널이 있었다. 야심 차게 준비했던 신제품 정수필터 출시 직후 시장에서 예기치 못한 품질 이슈가 터져 나왔다. 특정 부품의 내구성이 문제였다. 이미 생산된 물량을 전량 폐기해야 할지도 모르는 절체절명의 위기였다. 금전적 손실도 문제였지만 신뢰가 무너질 수 있다는 공포가 나를 짓눌렀다.

밤잠을 제대로 이루지 못하고 엎드려 기도했다.

"하나님, 여기서 끝입니까? 제가 잘못 걸어온 것입니까?"

믿음이 부자를 만든다

그때 폭풍 가운데 찾아오신 주님의 세미한 음성이 내 영혼을 울렸다.

"두려워하지 말라. 내가 너와 함께함이라. 이 일은 실패가 아니라 과정이다."

하나님의 동행하심을 확신하자 신기하게도 상황은 그대로 인데, 마음에 평안이 찾아왔다. 두려움이 걷히자, 지혜가 떠올랐다. 나는 솔직하게 품질 문제를 인정하고 국내의 기술력 있는 다른 기업을 찾아다니며 협업을 제안했다. 하나님이 예비하신 만남을 통해 더 견고하고 완벽한 제품을 개발할 수 있었고, 이는 결과적으로 전화위복이 되어 지금의 미네랄메이커 정수필터 품질의 초석이 되었다.

"아무 것도 염려하지 말고 오직 모든 일에 기도와 간구로 너희 구할 것을 감사함으로 하나님께 아뢰라 그리하면 모든 지각에 뛰어난 하나님의 평강이 그리스도 예수 안에서 너희 마음과 생각을 지키시리라" (빌립보서 4:6~7)

풍요란 문제가 없는 상태가 아니다. 문제보다 크신 하나님이 나와 함께하시는 상태다. 요셉이 노예로 팔려 갔을 때나 감옥에 갇혔을 때도 "여호와께서 요셉과 함께하시므로 그가 형통한 자가 되었다"(창세기 39:2)라고 기록하고 있다. 감옥에서도 하나님과 동행하면 그곳이 형통의 자리요 궁궐에서도 하나님이 없으면 그곳이 결핍의 자리다.

일상 속의 임마누엘: 찬양이 주는 위로

하나님과의 동행은 거창한 기적 속에서만 나타나는 것이 아니다. 지극히 평범한 때로는 초라해 보이는 일상에 스며들어 있다.

어느 날, 하루 종일 단 한 건의 주문도 받지 못한 날이 있었다. 몸은 피곤했고 허탈감이 밀려왔다. 터벅터벅 집으로 돌아오는 길, 차창 밖으로 하염없이 내리는 비가 보였다. 그때 〈비 준비하시니(시편 147편)〉라는 찬양이 마음과 입술에서 조용히 흘러나왔다.

"우리 주는 위대하며 능력이 많으시도다

믿음이 부자를 만든다

그의 지혜 무궁하며 인자는 영원하도다

상한 자들 고치시며 상처를 싸매시도다

별들의 수를 세시며 이름을 붙이셨도다

그가 구름으로 하늘을 덮으시며

땅을 위하여 비 준비하시니

예루살렘아 여호와를 찬송할지어다

네 하나님을 감사함으로 그 앞에 나가며

주 임재 앞에 경배해"

그 순간 차 안은 하나님의 임재로 가득 찼고 빈손이었지만 내 마음은 그 누구보다 부요했다. 이것이 바로 하나님과 동행하는 풍요의 삶이다. 매출 그래프가 올라갈 때만 기뻐하는 것이 아니라 결과와 상관없이 나의 하루가 하나님 안에 있었음을 인하여 감사하는 삶이다.

비교 감옥에서의 탈출

사업을 하다 보면 가장 큰 적은 비교다. 경쟁사의 급성장, 지인의 성공 소식을 들으면 나도 모르게 위축되고 초라해진다.

비교는 감사를 갉아먹고 영혼을 가난하게 만드는 바이러스다.

그러나 하나님과 동행하는 사람은 비교에서 자유롭다. 하나님은 나를 다른 사람과 비교하지 않으시기 때문이다. 하나님에게는 나만을 위한 고유한 계획과 나에게 맞는 속도가 있다.

"너는 너의 길을 가라. 내가 너를 인도하고 있다."

이 음성을 듣는 순간, 경쟁심은 사라지고 사명감만 남는다. 하나님과 보폭을 맞추어 걷는 사람은 남을 곁눈질하지 않는다. 오직 목자 되신 주님만 바라본다. 그때 우리는 세상이 줄 수 없는 자유와 넉넉함을 누리게 된다.

삶의 교훈

† 진짜 가난은 돈이 없는 것이 아니라 하나님이 없는 것이다.
† 고난의 터널을 지날 때 혼자가 아님을 기억하라. 그곳이 하나님을 가장 깊이 만나는 지성소다.
† 성과에 일희일비하지 말라. 하나님은 당신의 중심과 과정을 받으신다.
† 하나님과 동행하는 사람은 비교하지 않는다. 다만 사명의 길을 묵묵히 걸을 뿐이다.

04

삶의 모든 열매를
주님께 드리라

"네 재물과 네 소산물의 처음 익은 열매로 여호와를 공경하라 그리
하면 네 창고가 가득히 차고 네 즙틀에 새 포도즙이 넘치리라" (잠언
3:9~10)

내 것이라는 착각: 소유권 이전

농부가 가을에 풍성한 수확을 거둘 때 그는 안다. 자신이
땀 흘려 씨를 뿌리고 가꾸었지만, 햇빛을 비추고 비를 내리
며 자라게 하신 이는 하늘(하나님)이라는 사실을. 그래서 첫
열매를 감사의 제물로 드리는 것은 "이 모든 것이 주님의 것
입니다"라는 신앙 고백이다.

그러나 현대인들은 자주 착각에 빠진다. "내 노력, 내 아이

디어, 내 시간으로 벌었으니 내 것이다." 성경은 이것을 교만이라고 부른다. 바벨론의 느부갓네살 왕은 "이 큰 바벨론은 내가 능력과 권세로 건설하여 나의 도성을 삼았다"라고 자랑하다가 그 즉시 총명을 잃고 짐승처럼 쫓겨났다. 반면 다윗 왕은 성전 건축을 위해 막대한 재물을 드리면서 "모든 것이 주께로 말미암았사오니 우리가 주의 손에서 받은 것으로 주께 드렸을 뿐이니이다"(역대상 29:14)라고 고백했다. 하나님은 다윗의 이 고백을 기쁘게 받으셨다.

우리의 비즈니스와 삶에서 맺히는 모든 열매 ─ 재정적 수익, 사회적 인정, 기술적 성취 ─ 는 내 능력의 산물이 아니라 하나님의 은혜가 빚어낸 결과물이다. 우리는 소유주가 아니라 청지기다.

과학이 증명한 하나님의 지혜: 연구 논문의 의미

미네랄메이커의 여정에서 맺힌 열매들은 내 지혜의 산물이 아니었다. 나는 기초 과학을 조금 이해하는 사업가일 뿐 의학 전문가는 아니었다. 그러나 하나님은 만남의 복을 통해 의학 전문가를 붙여 주셨고, "미네랄메이커가 생성한 물은 고혈당으로 인해 손상되는 신장 세포를 보호한다"라는 놀라운 연구 결과를 맺게 하셨다.

이 연구 결과 논문은 하나님이 창조하신 물의 신비를 과학이라는 언어로 증명한 하나님의 성적표였다. 나는 이 열매를 하나님께 올려드렸다.

"하나님, 이 열매는 주님께서 주신 선물입니다. 이 결과를 통해 사람들이 창조주 하나님의 섭리를 깨닫고 당뇨인들의 건강 회복에 도움 되게 하소서."

열매를 내가 취하지 않고 주님께 돌릴 때 그 열매는 더 거룩한 영향력을 갖게 된다.

열매를 드리는 3가지 방법

그렇다면 구체적으로 어떻게 삶의 열매를 하나님께 드릴 수 있을까? 헌금만이 전부는 아니다.

① 자랑을 멈추고 찬양하기

성취의 순간, 스포트라이트가 나를 비출 때 슬그머니 그 영광을 가로채지 말아야 한다. "제가 한 것이 아닙니다. 운이 좋았습니다"라는 겸손을 넘어, "하나님의 은혜입니다"라고 명확히 주어를 밝히는 용기가 필요하다. 카페 사장님들이 "미네랄메이커 정수필터 덕분에 커피 맛이 좋아졌다"라고 칭찬할 때 나는 마음속으로 "하나님이 주신 지혜 덕분입니다"라고 즉시 영광을 하나님께 올려드린다.

② 흘려보내기

열매는 창고에 쌓아 두라고 주신 것이 아니다. 썩기 전에 나누어야 한다. 수익의 일부를 떼어 선교지와 이웃을 위해 사용하는 것, 나의 노하우를 후배들에게 아낌없이 전수하는 것, 이 모든 것이 열매를 드리는 행위다. 십일조는 내 소득의 10%가 아니라 내 삶의 100%가 완전히 하나님의 것임을 인정하는 최소한의 믿음 표식이다.

믿음이 부자를 만든다

가장 귀한 열매는 변화된 나 자신이다. 성공한 후에도 변질되지 않고 여전히 겸손하며, 온유하고 정직한 성품을 유지하는 것. 사람들이 나를 보며 "저 사람을 보니 하나님이 살아 계신 것 같다"라고 느낀다면 나는 내 삶이라는 열매를 하나님께 올려드리고 있는 것이다.

더 풍성하게 채우시는 원리

잠언 기자는 약속한다. "그리하면 네 창고가 가득히 차고 네 즙틀에 새 포도즙이 넘치리라." 이것은 기복신앙이 아니다. 하나님은 주님의 영광을 위해 사는 자, 열매를 나눌 줄 아는 자에게 더 많은 것을 맡기신다는 천국 경제학의 원리다.

어린아이가 쥔 사탕 하나를 아빠에게 내밀 때 아빠는 그 사탕이 탐나서 받는 것이 아니다. 아이의 마음이 예뻐서 더 큰 선물 상자를 안겨준다. 우리가 작은 열매를 하나님께 드릴 때 하나님은 감당할 수 없는 하늘의 복으로 우리 삶을 채우신다. 움켜쥐면 내 손 크기만큼만 가지지만 드리면 하나님의 손 크기만큼 누리게 된다.

05

믿음과 부의 루틴,
순례자 여정

"모든 성경은 하나님의 감동으로 된 것으로 교훈과 책망과 바르게 함과 의로 교육하기에 유익하니 이는 하나님의 사람으로 온전케 하며 모든 선한 일을 행하기에 온전케 하려 함이니라" (디모데후서 3:16~17)

성경은 단순한 지침서가 아니고 하나님의 권위를 지닌 말씀이다. 이 말씀은 우리에게 진리를 교훈하고 잘못을 책망하여 바르게 인도하는 완벽한 삶의 안내서이다. 궁극적으로 우리를 온전한 사람으로 훈련시켜 선한 일을 행할 능력을 갖추게 하는 성장의 비결이 담겨있다.

이 방대한 진리의 보고 중에서도 특히, 시대를 초월해 사랑받는 시편 23편은 냉혹한 비즈니스의 광야를 지나는 크리스천 리더들을 위한 천국 경영의 정수이자 완벽한 인생 로드맵이다. 다윗이 삶으로 증명한 그 영광스러운 믿음의 길을 이제 우리도 믿음과 부의 루틴을 나침반 삼아 담대히 걸어가 보자.

신뢰의 시작: 부족함이 없는 삶

"여호와는 나의 목자시니 내가 부족함이 없으리로다" *(시편 23:1)*

사업을 시작할 때 하루를 시작할 때 우리는 결핍을 본다. 자본이 부족하고 능력이 부족하고 시간이 부족하다. 그러나 다윗은 부족함이 없다고 선포한다. 창고가 가득 차서가 아니다. 여호와가 나의 목자(CEO)이시기 때문이다.

믿음의 부자는 결핍을 묵상하는 자가 아니라 목자 되신 하나님의 공급하심을 신뢰하는 자다. 나의 비즈니스 오너십을 하나님께 이양할 때 부족함의 공포는 사라지고 공급의 신비가 시작된다.

믿음이 부자를 만든다

안식과 회복: 푸른 풀밭과 쉴 만한 물가

"그가 나를 푸른 초장에 누이시며 쉴만한 물 가으로 인도하시는도 다 내 영혼을 소생시키시고 자기 이름을 위하여 의의 길로 인도하 시는도다" (시편 23: 2~3)

세상은 쉼 없이 달리라고 채찍질한다. 그러나 하나님은 우 리를 멈추게 하신다. 진정한 부요함은 쉴 줄 아는 능력에서 나온다. 예배의 자리, 기도의 골방이 바로 내 영혼이 소생되 는 푸른 풀밭이다.

일중독은 영광이 아니다. 하나님은 우리가 일의 노예가 아 니라 그분 안에서 쉼을 누리는 자녀가 되기를 원하신다. 영혼 이 회복되어야 육체도, 사업도 바른 길(의의 길)로 갈 수 있다.

위기관리: 사망의 음침한 골짜기

"내가 사망의 음침한 골짜기로 다닐찌라도 해를 두려워하지 않을 것은 주께서 나와 함께 하심이라 주의 지팡이와 막대기가 나를 안 위하시나이다" (시편 23:4)

사업을 하다 보면 반드시 부도의 위기, 배신, 실패라는 음침한 골짜기를 만난다. 미네랄메이커의 여정에도 수많은 골짜기가 있었다. 그러나 골짜기는 끝이 아니다. 더 높은 곳으로 가기 위한 통과 과정일 뿐이다.

중요한 것은 "주께서 나와 함께하심이라"는 사실이다. 주의 지팡이(말씀)와 막대기(성령의 인도)가 나를 보호하신다. 위기 속에서 믿음의 사람은 도망치지 않는다. 목자의 손을 잡고 묵묵히 걸어갈 뿐이다.

반전과 승리: 원수의 목전에서 차려진 상

"주께서 내 원수의 목전에서 내게 상을 베푸시고 기름으로 내 머리에 바르셨으니 내 잔이 넘치나이다" (시편 23:5)

세상은 밟고 올라서야 승리한다고 말한다. 그러나 하나님은 나를 비난하고 조롱하던 자들 앞에서 보란 듯이 나를 높여주신다. 이것이 하나님의 방식이다. 우리는 원수와 싸울 필요가 없다. 하나님이 싸우시고 하나님이 승리의 잔치를 베풀어 주신다.

믿음이 부자를 만든다

기름을 내 머리에 바르셨다는 것은 존귀하게 하셨다는 뜻이다. 우리의 잔이 넘치는 것은 나만 마시라고 주신 것이 아니라 주변으로 흘려보내라고 주신 흘러넘치는 복이다.

영원한 비전: 여호와의 집에 살리로다

"나의 평생에 선하심과 인자하심이 정녕 나를 따르리니 내가 여호와의 집에 영원히 거하리로다" (시편 23:6)

이 순례의 끝은 어디인가? 은퇴 후의 안락한 노후가 아니다. "내가 여호와의 집에 영원히 거하리로다." 나의 비전은 이 땅에서 성공을 넘어 영원한 하나님 나라에 잇대어 있다.

믿음과 부의 루틴을 실천하는 이유는 단순히 이 땅에서 잘 먹고 잘살기 위함이 아니다. 영원한 본향을 향해 가는 순례 길에서 하나님이 맡기신 자원을 가지고 사랑을 실천하고 생명을 살리다가 기쁨으로 주님을 만나는 것이다.

영원한 풍요를 향하여

매일 아침, 눈을 뜨자마자 믿음으로 선포하라.

"여호와는 나의 목자시니 내가 부족함이 없습니다."

그리고 매일 밤, 하루를 닫으며 감사로 고백하라.

"내 잔이 넘치나이다. 모든 영광을 주님께 돌립니다."

나의 여정은 이 땅의 성취에서 끝나지 않는다. 나는 찰나의 시간을 넘어 하나님 안에서 새로운 차원의 삶으로 나아가는 영원한 존재이다. 그러므로 오직 영원한 소망 되신 하나님께 시선을 고정하고 오늘이라는 시간을 경영해야 한다.

하나님의 선하심은 나의 낮을 인도할 것이며 그분의 인자하심은 나의 밤을 지키신다. 믿음의 부자는 이 진리를 붙잡는 사람이다. 그는 눈앞의 이익보다 하나님의 영원한 계획 안에서 의미 있는 삶을 선택한다. 하나님께서 여전히 나를 통해 일하고 계심을 믿으라. 나의 삶은 이제 성경의 끝나지 않은 다음 장 '사도행전 29장'이 되어야 한다. 이것은 나의 하루하루가 하나님이 살아계신다는 생생한 증거이다.

기억하라. 진정한 부란 내 손에 쥐어진 재산의 크기가 아니라 하나님 손에 올려드린 믿음의 깊이이다. 믿음의 사람은 자신이 가진 모든 소유권을 하나님께 이양하고 그분의 뜻을 이루는 신실한 청지기로 살아간다. 쌓아 두면 썩어질 인생이 아니라 거룩하게 흘려보내며 생명을 살리는 인생으로 나아가자.

"하나님께 소망을 두고 믿음과 부의 루틴을 실천하는 이 길이야말로 변함없는 하나님의 신실하심 안에서 비로소 완성되는 참된 부의 결실이다."

이제 나는 홀로 걷지 않는다. 하나님과 함께 걷는 이 길은 푸른 초장에서도, 사망의 음침한 골짜기에서도, 그리고 넘치는 잔 앞에서도 멈추지 않을 것이다. 이것이 바로 내가 걸어가야 할 거룩한 순례자의 길이다.

이 책을 손에 든 모든 사람의 영혼 위에 성령의 충만한 임재가 함께하기를 축복한다. 하나님의 영광과 예수 그리스도의 복음을 위해 오늘 내가 심는 믿음과 부의 루틴은 결코 헛됨이 없다. 나의 믿음이 마침내 닫힌 하늘 문을 열고 잠들어 있던 부의 씨앗을 깨워 이 땅 가득 하나님의 거룩한 풍요를 풀어놓는다.

이 모든 영광과 감사를 하나님께 올려드린다.

"주 예수의 은혜가 모든 자들에게 있을찌어다 아멘" (요한계시록 22:21)

믿음으로 시작하여,
영광으로 완성되다

"나는 알파와 오메가요 처음과 나중이라" (요한계시록 21:6)

삶은 질문으로 시작해서 하나님으로 결론 맺는다.
돌아보면 우리의 인생은 언제나 질문투성이였다.

"나는 왜 존재하는가?"
"부와 성공, 그 끝에는 무엇이 있는가?"
"내가 목숨 걸고 붙잡아야 할 삶의 진짜 가치는 무엇인가?"

이 책과 함께한 여정은 그 본질적인 물음들에 대한 하나님의 대답을 찾아가는 순례였다. 만물의 시작이 하나님께 있음을 깨닫는 순간 우리의 인생 또한 우연의 산물이 아닌 거룩한 섭리임을 알게 된다. 믿음의 씨앗은 결코 땅에 떨어져 사

라지지 않는다. 그것은 하나님의 시간이 차면 반드시 기적의
열매로 돌아온다.

기다림은 가장 위대한 믿음의 언어이다.

성경 속 믿음의 거장들을 보면 그들의 위대함은 성취가 아
닌 기다림에 있었다. 아브라함은 하늘의 별과 같은 약속을
품고 25년을 인내했고, 요셉은 꿈을 꾼 대가로 감옥과 노예
의 시간을 13년이나 견뎌 냈다. 모세는 광야의 침묵 속에서
40년을, 다윗은 기름 부음을 받고도 15년을 도망자로 살았으
며, 노아는 세상의 조롱을 뒤로한 채 120년 동안 묵묵히 방주
를 지었다.

이들의 삶을 관통하는 하나의 고백이 있다.

"하나님은 약속하신 것을 그분의 때에 반드시 이루신다."

믿음의 길은 기다림의 길이다. 우리의 시간표보다 늦어 보
일지라도 하나님의 시계는 지체되지 않는다. 그 치열했던 인
내의 시간 전체가 하나님이 우리를 빚으시는 가장 복된 순례

믿음이 부자를 만든다

의 과정이다.

광야에서 하나님의 은혜를 만났다.

나는 '미네랄메이커'를 개발하며 수없는 광야를 지났다. 길이 보이지 않아 낙심하고 밤을 지새우며 고민하던 그 시간들… 그러나 돌아보니 작은 열매 하나가 맺힐 때마다 하나님은 어김없이 다음 문을 열어 주고 계셨다. 나의 나 된 것은 오직 하나님의 은혜였고 하나님이 허락하신 결실이었음을 겸손히 고백한다.

나는 이제 확신한다.

풍요와 부유는 소유의 크기로 결정되지 않는다. 진정한 부유함은 하나님과 동행하는 삶 속에 감사의 고백 속에 그리고 나눔과 섬김의 손길 속에 깃들어 있다.

책을 덮으며 새로운 시작을 향하라.

이 책에서 제안한 '5일 루틴'은 믿음의 패턴을 나의 몸과 영혼에 새기는 거룩한 훈련이다. 이 작은 반복의 힘이 결국 나의 인생 전체를 바꾸어 놓을 것이다.

지금 이 책을 덮는 순간이 나의 새로운 믿음 여정이 시작되는 출발점이다. 하나님이 나에게 주신 비전을 기억하라. 그것은 잠시 더딜지라도 결코 사라지지 않는다. 하박국 선지자의 외침을 마음에 새기고 다시 일어서자.

"비록 더딜찌라도 기다리라 지체되지 않고 정녕 응하리라" (하박국 2:3)

하나님이 나에게 심어 주신 비전은 인내의 시간을 통과하여 반드시 영광으로 바뀔 것이다. 그 풍성한 열매가 가정과 일터 그리고 세상으로 흘러가 하나님의 선하심을 증거하고 마침내 하나님께 영광으로 드려지기를 축복한다.

마무리 기도

하나님 아버지,
우리의 시작과 과정 그리고 마지막이
모두 주님의 손안에 있음을 고백합니다.

믿음이 부자를 만든다

오늘, 믿음으로 구하고 찾고 두드리는 주님의 자녀들에게
상상으로 그려온 비전이
하나님의 때에 생생한 현실이 되게 하소서.
우리가 거두는 모든 열매의 주인이
하나님이심을 기억하며
오직 주님께 영광 돌리게 하소서.

감사와 믿음의 고백이 우리의 언어가 되게 하시고
나눔과 섬김이 우리의 습관이 되게 하시며
보이지 않는 기다림의 시간 속에서도
주님께서 쉬지 않고 일하고 계심을 신뢰하게 하소서.

이 책을 손에 든 모든 독자가
믿음과 부의 루틴을 삶에 깊이 뿌리 내리고 새겨
주님과 동행하는 참된 풍요와 부유를 누리게 하소서.
그리하여 우리의 삶 전체가 하나님을 노래하는
아름다운 찬양이 되고,
하나님의 영광과 예수 그리스도의 복음을 위해
귀하게 쓰임 받게 하소서.

길이요 진리요 생명 되신

예수님의 이름으로 기도드립니다. 아멘.

"사랑하는 자여 네 영혼이 잘 됨같이 네가 범사에 잘 되고 강건하기

 를 내가 간구하노라"(요한삼서 1:2)

믿음이 부자를 만든다

부록

01

하나님의 자녀가 되는 기도문

"영접하는 자 곧 그 이름을 믿는 자들에게는 하나님의 자녀가 되는 권세를 주셨으니" (요한복음 1:12)

우리는 예수님을 나의 구주와 주님으로 영접할 때 하나님의 자녀가 되는 권세를 받는다. 또한 "마음으로 믿어 의에 이르고 입으로 시인하여 구원에 이른다"(로마서 10:10).

하나님의 자녀가 되는 첫걸음은 나의 입으로 예수님이 나의 구주와 주님 되심을 고백하는 것이다. 다음 영접 기도문을 조용히 나의 입으로 직접 시인하자. 그리고 하나님의 자녀가 되는 권세를 누리자.

믿음이 부자를 만든다

영접 기도문

사랑과 은혜가 풍성하신 하나님 아버지,
저는 지금까지 제 마음대로 살며
죄 가운데 걸어온 사람임을 고백합니다.
제 죄로 인해 하나님과 멀어져 있었음을 인정합니다.

그러나 하나님께서 저를 사랑하셔서,
예수님을 이 땅에 보내시고
제 모든 죄를 대신 지시고 십자가에 달려 죽으셨다가
사흘 만에 다시 살아나셨음을 믿습니다.

이제 저는 제 마음의 문을 열고,
예수 그리스도를 저의 구주와 주님으로 모셔드립니다.
저의 삶을 주님께 드리오니 다스려 주시고
인도하여 주옵소서.

주님, 저를 하나님의 자녀로 받아 주시고
새 생명 가운데 살게 하여 주시니 감사합니다.

이제부터는 제 뜻이 아니라

주님의 뜻을 따라 살게 하시고,

성령님께서 제 안에 거하시며

날마다 믿음으로 자라가게 하옵소서.

예수 그리스도의 이름으로 기도드립니다. 아멘.

"주 예수를 믿으라 그리하면 너와 네 집이 구원을 얻으리라" (사도행

전 16:31)

믿음이 부자를 만든다

02

부자의 영적 습관
5가지

성경은 참된 부자는 단순히 많은 재산을 가진 사람이 아님을 말한다. 하나님은 우리에게 물질의 풍요보다 더 중요한 영적 습관을 통해 삶을 다스리도록 가르치신다. 하나님의 자녀가 된 우리는 말씀과 기도, 예배와 교제, 전도의 삶을 통해 믿음 안에서 건강하게 자라며 그 과정에서 물질 또한 바르게 누릴 수 있다.

① 말씀 읽기: 지혜의 부를 얻는 길

성경은 영혼의 양식이며 삶의 지혜를 주는 보고다. 부자는 단순히 돈을 많이 가진 사람이 아니라 말씀의 원리 위에 인생과 재정을 세운 사람이다. 매일 말씀을 가까이하는 습관은 흔들림 없는 내적 기반을 만들고 재물의 사용까지도 바른 방향으로 이끈다. 말씀은 부자에게 가장 확실한 나침반이다.

② 기도하기: 영적 호흡으로 삶을 지탱하는 힘

기도는 하나님의 자녀가 가진 가장 큰 특권이며 영혼의 호흡이다. 기도 없는 삶은 숨 없는 몸과 같다. 부자에게도 기도는 절대적인 필요이다. 기도할 때 재물에 휘둘리지 않고 하나님이 주신 지혜와 담대함으로 문제를 풀어갈 수 있다. 기도는 부자가 교만에 빠지지 않고 겸손히 살게 하는 비밀이다.

③ 예배 참석하기: 부요함의 중심을 하나님께 두는 습관

예배는 하나님께 드리는 최고의 시간이며 부자가 가장 지켜야 할 영적 습관이다. 예배는 영혼을 새롭게 하고 하나님 중심으로 삶과 재정을 재정렬시킨다. 물질의 많고 적음이 아닌 하나님을 예배하는 태도가 참된 부의 기준이 된다. 예배는 우리의 중심을 소유가 아닌 하나님께 두게 한다.

④ 그리스도인들과 교제하기: 함께 세워지는 재산

신앙은 혼자가 아니라 공동체 안에서 자란다. 믿음의 교제
는 부자가 지켜야 할 가장 든든한 자산이다. 신앙 안에서 서
로를 격려하고 지지할 때 부자는 재물의 외로움이 아닌 공동
체의 풍요를 경험한다. 신앙인들의 교제는 부자에게 가장 따
뜻한 울타리다.

⑤ 전도하기: 가장 값진 투자

부자는 물질로만 평가되지 않는다. 참된 부자는 생명을 살
리는 전도에 참여하는 사람이다. 복음을 전할 때 하나님이 주
신 사랑을 깊이 경험하고 잃어버린 영혼이 돌아오는 기쁨을
맛본다. 세상의 어떤 투자보다 영혼 구원은 영원히 남는 결실
이다. 전도는 부자의 삶을 가장 가치 있게 만드는 투자다.

부자의 삶은 재물의 양으로만 결정되지 않는다. 말씀과 기
도, 예배와 교제, 전도의 습관을 누리는 사람은 영적으로 부
요하며 물질 또한 하나님의 뜻대로 관리하고 사용할 줄 아는

지혜로운 부자다.

　참된 부자란 성령의 인도 안에서 영적 습관을 지켜 가는
사람이다.

03

사랑으로 시작되는
8가지 부자의 삶

"사랑은 오래 참고 사랑은 온유하며 투기하는 자가 되지 아니하며 사랑은 자랑하지 아니하며 교만하지 아니하며 무례히 행치 아니하며 자기의 유익을 구치 아니하며 성내지 아니하며 악한 것을 생각지 아니하며 불의를 기뻐하지 아니하며 진리와 함께 기뻐하고 모든 것을 참으며 모든 것을 믿으며 모든 것을 바라며 모든 것을 견디느니라" *(고린도전서 13장 4~7절)*

이 말씀은 단순한 감정의 표현이 아니라 삶을 살아가는 태도와 습관에 대한 가르침이다. 그리고 이 덕목들은 참된 부자가 지녀야 할 기본 성품이다.

① 인내: 성급함을 다스리는 힘

"사랑은 오래 참고"

부자는 조급해하지 않는다. 투자와 관계 모두 시간이 필요하다. 참을성은 신뢰를 쌓고 결과를 지켜 내는 힘이 된다.

② 온유: 사람을 끌어들이는 태도

"사랑은 온유하며"

재산보다 태도가 더 큰 힘을 발휘한다. 온유한 부자는 교만하지 않고 자연스럽게 사람들의 존경을 얻는다.

③ 만족: 시기하지 않는 마음

"투기하는 자가 되지 아니하며"

남을 부러워하는 순간 내 삶은 부족해 보인다. 만족을 아

믿음이 부자를 만든다

는 부자는 언제나 풍요를 느끼고 시기하지 않음으로 진짜 자유를 누린다.

④ 겸손: 자랑과 교만을 내려놓는 지혜

"사랑은 자랑하지 아니하며 교만하지 아니하며"

겸손은 돈보다 오래가는 자산이다. 자랑은 순간의 쾌감에 불과하지만, 겸손은 관계를 오래 지탱하게 한다.

⑤ 배려: 신뢰를 낳는 습관

"무례히 행치 아니하며 자기의 유익을 구치 아니하며"

부자의 힘은 배려에서 나온다. 이기심 대신 상대의 이익을 먼저 생각할 때 더 큰 신뢰와 기회가 따라온다.

⑥ 절제: 욕심을 다스리는 지혜

"성내지 아니하며 악한 것을 생각지 아니하며"

분노와 탐욕은 부를 무너뜨린다. 절제는 마음을 안정시키고 삶을 단단히 붙든다. 절제할 줄 아는 사람이 부자의 자격을 갖는다.

⑦ 정직: 흔들리지 않는 기반

"불의를 기뻐하지 아니하며 진리와 함께 기뻐하고"

정직은 시간이 지날수록 가치가 커지는 자산이다. 불의로 얻은 부는 금세 무너지지만, 진리 위에 세운 부는 영원히 흔들리지 않는다.

⑧ 희망: 위기를 버티는 힘

"모든 것을 참으며 모든 것을 믿으며 모든 것을 바라며 모

믿음이 부자를 만든다

든 것을 견디느니라"

부의 길은 언제나 쉽지 않다. 그러나 믿음과 희망을 잃지 않는 사람은 끝내 승리한다. 희망은 미래를 여는 열쇠다.

고린도전서 13장의 사랑은 감정이 아니라 생활 습관이다. 돈만으로는 진정한 부자가 될 수는 없다. 사랑의 덕목을 품은 습관이야말로 참된 부의 조건이다.

04
부를 완성하는
9가지 열매

"오직 성령의 열매는 사랑과 희락과 화평과 오래 참음과 자비와 양
선과 충성과 온유와 절제니 이같은 것을 금지할 법이 없느니라" (갈
라디아서 5:22~23)

많은 사람이 부자가 되는 법을 찾지만, 성경이 말하는 참
된 부자는 단순히 돈과 재산이 많은 사람이 아니다. 하나님
은 우리에게 물질적 풍요보다 더 중요한 원칙을 주셨다. 바
로 '성령의 열매'이다.

성령의 열매는 단순한 성품이 아니라, 하나님의 영이 우리
안에 맺게 하시는 삶의 결과이다. 돈이 많아도 성령의 열매
가 없으면 가난한 삶이고, 가진 것이 적어도 성령의 열매를
맺는 자는 하나님이 보시기에 가장 부유한 사람이다.

① 사랑: 부자의 기본 가치

사랑 없는 부는 사람을 잃지만 사랑은 부를 더욱 풍성하게 만든다. 돈을 나누는 것보다 먼저 사랑을 나누는 습관을 기르라.

② 희락(기쁨): 상황을 넘어서는 행복

기쁨의 부자는 불황 속에서도 흔들리지 않는다. 상황이 아닌 하나님 안에서 기쁨을 찾는 연습을 하라.

③ 화평: 최고의 자산

돈이 많아도 불안하면 가난하고 하나님이 주시는 평안이 진짜 부다. 마음의 평안을 지키는 습관을 삶의 최우선으로 삼으라.

④ 오래 참음: 위기를 견디는 힘

참을 줄 아는 부자는 더 큰 기회를 붙잡는다. 불편과 기다림 속에서도 인내로 반응하는 습관을 가지라.

⑤ 자비: 나눔의 습관

가진 것을 흘려보낼 때 하나님은 더 큰 복으로 채우신다. 나눔을 의무가 아니라 기쁨의 습관으로 만들라.

⑥ 양선(선함): 신뢰의 자본

선한 부자는 돈보다 신뢰로 존중받는다. 거래와 관계에서 늘 선한 의도를 실천하라.

⑦ 충성: 성공의 비결

작은 것에 충실할 때 하나님은 더 큰 것을 맡기신다. 맡은 일에 최선을 다하는 충성의 습관을 들이라.

⑧ 온유: 권세를 다루는 지혜

교만이 아닌 온유한 부자가 오래간다. 성취를 드러내기보다 사람을 존중하는 태도를 지니라.

⑨ 절제: 부자의 마지막 관문

절제할 줄 아는 사람이야말로 진짜 부자다. 욕심을 조절하고 필요한 만큼만 취하는 훈련을 하라.

물질적 부는 세상에서 잠시 누리지만 성령의 열매는 영원한 가치로 남는다. 믿음과 부의 루틴 완성은 바로 여기에서 시작된다.

05

부의 지도를 바꾼
믿음의 거장들

"네 하나님 여호와를 기억하라 그가 네게 재물 얻을 능력을 주셨음

이라" (신명기 8:18)

부는 믿음의 결과이다

우리는 종종 청빈이라는 단어에 갇혀 가난이 마치 경건의
표상인 것처럼 오해하곤 한다. 그러나 성경의 페이지를 넘겨
보면 하나님은 자녀들이 궁핍 속에 머무는 것을 원치 않으심
을 발견하게 된다. 오히려 하나님은 믿음의 거장들에게 감당
할 수 없을 만큼의 거대한 부를 허락하셨고 그들을 통해 역
사의 물줄기를 바꾸셨다.

성경 속 부자들은 단순히 운이 좋거나 탐욕스러워서 부자

믿음이 부자를 만든다

가 된 것이 아니었다. 그들은 하나님을 신뢰하는 믿음의 루틴을 가졌고 하나님이 맡기신 재물을 관리하는 청지기의 사명을 감당했기에 하늘의 창고가 열린 사람들이었다. 믿음 하나로 세상의 경제를 움직였던 거장들의 이야기가 있다. 이들은 오늘 우리가 걸어가야 할 부의 이정표다.

① 아브라함: 복의 근원이 된 믿음의 모험가

믿음의 조상 아브라함은 당대 최고의 거부였다. 창세기 13장은 "아브람에게 가축과 은과 금이 풍부하였더라"고 기록한다. 그러나 그의 부는 안락한 고향에 머물러서 얻은 것이 아니었다. 그는 "너는 본토 친척 아비 집을 떠나라"는 하나님의 명령에 순종하여 안정된 기반을 버리고 광야로 나아간 모험가였다.

아브라함의 부의 비결은 바라봄의 법칙이었다. 현실은 자녀 하나 없는 늙은 몸이었지만 그는 밤마다 하늘의 별을 바라보며 하나님의 약속을 시각화했다. 하나님은 그런 그를 단순한 부자가 아니라 복의 근원으로 삼으셨다. 아브라함은 조

카 롯에게 비옥한 땅을 먼저 양보할 만큼 소유에 집착하지 않는 배포 큰 부자였다. 하나님은 물질을 좇지 않고 말씀을 좇는 자에게 세상이 감당 못 할 부를 덤으로 주신다는 것을 그의 삶으로 증명하셨다.

② 이삭: 불황을 돌파한 초자연적 투자자

이삭의 이야기는 오늘날 경기 침체와 불황을 겪는 우리에게 강력한 통찰을 준다. 창세기 26장에는 극심한 흉년이 든 상황이 묘사된다. 모두가 살기 위해 애굽으로 도망가거나 투자를 멈출 때 이삭은 하나님의 말씀에 순종하여 그 척박한 땅에 씨를 뿌렸다.

세상의 경제 논리로는 미친 짓이었다. 그러나 결과는 놀라웠다.

> "이삭이 그 땅에서 농사하여 그 해에 백배나 얻었고 여호와께서 복을 주시므로 그 사람이 창대하고 왕성하여 마침내 거부가 되어" (창세기 26:12~13)

남들이 흉년이라 말할 때 믿음의 사람은 기회를 본다. 이삭의 부는 시장 상황이나 환경에 좌우되지 않았다. 그것은 전적인 하나님의 개입, 즉 초자연적인 부의 이동이었다. 우리가 믿음과 부의 루틴을 지킬 때 세상의 불황은 오히려 우리에게 기회가 된다.

③ 야곱: 빈손으로 시작해 거부를 이룬 자수성가형 모델

야곱은 오늘날로 치면 맨손 창업 신화의 주인공이다. 형에서를 피해 도망칠 때 그의 손에는 지팡이 하나뿐이었다. 그러나 20년 뒤 고향으로 돌아올 때 그는 거대한 두 무리를 이룬 거부가 되어 있었다.

그의 성공 비결은 끈기와 서원이었다. 그는 벧엘의 돌베개 위에서 하나님과 약속했다. 그리고 외삼촌 라반의 집에서 20년간 부당한 대우를 받으면서도 성실함으로 버텼다. 하나님은 그의 꿈속에 나타나 가축을 번성하게 하는 아이디어를 주셨고 그의 소유를 지켜 주셨다. 야곱의 삶은 아무런 배경이 없어도 하나님을 배경으로 삼으면 바닥에서 정상으로 올라설 수 있음을 보여 준다.

④ 요셉: 생명을 살리는 경제 사령관

요셉은 성경이 말하는 부의 목적을 가장 완벽하게 보여 주는 인물이다. 그는 노예와 죄수의 신분에서 일약 당대 최강 대국 이집트의 총리에 올랐다. 그는 단순히 개인적인 재산을 모은 것이 아니라 국가와 전 세계의 경제를 운용하는 통치자였다.

하나님은 왜 요셉에게 그런 지혜와 권력을 주셨을까? 창세기 41장은 그가 7년의 풍년 동안 곡식을 비축하여 이어지는 7년의 대기근 때 전 세계를 먹여 살렸음을 보여 준다. 요셉에게 부는 사치와 향락의 도구가 아니었다. 그것은 "많은 사람의 생명을 구원하기 위한(창 50:20)" 거룩한 도구였다. 하나님은 이처럼 부를 통해 세상을 살리고자 하는 명확한 사명을 가진 자에게 나라의 창고를 맡기신다.

⑤ 욥: 고난을 통과하여 갑절의 복을 받은 자

욥은 동방 제일의 부자였으나 하루아침에 모든 것을 잃었다. 그러나 욥의 위대함은 재산이 아니라 모든 것을 잃은 순간에도 하나님을 향한 신뢰를 거두지 않았다는 데 있다.

"주신 자도 여호와시요 취하신 자도 여호와시오니" (욥기 1:21)

그의 믿음이 증명되었을 때 하나님은 그의 말년에 이전 소유보다 갑절의 복을 주셨다. 욥의 인생은 부가 사라질 수도 있지만 믿음의 그릇이 준비된 자에게는 반드시 회복되고 확장된다는 소망의 증거다.

⑥ 다윗과 솔로몬: 하나님 나라를 위한 킹덤 빌더

다윗은 전쟁의 승리자였고 막대한 전리품을 얻었다. 그러나 그는 그 부를 자신의 왕궁을 꾸미는 데 쓰지 않고 오직 하나님의 성전을 건축하기 위해 비축했다.

"내가 환난 중에 여호와의 전을 위하여 금 십만 달란트와 은 일백만 달란트와 놋과 철을 그 중수를 셀 수 없을 만큼 심히 많이 예비하였고"(대상 22:14).

그에게 부는 하나님의 영광을 위한 재료였다.

그 아들 솔로몬은 어떠한가? 그는 하나님께 백지수표를 받았을 때 부를 구하지 않고 지혜를 구했다. 그 중심(우선순위)을 보신 하나님은 그가 구하지 않은 부귀와 영광까지 전무후무하게 부어주셨다.

"너희는 먼저 그의 나라와 그의 의를 구하라"는 예수님의 말씀은 솔로몬을 통해 이미 증명되었다. 하나님을 최고로 높이는 자를 하나님은 세상의 정점에 세우신다.

내가 다음 주인공이다

성경 속 믿음의 거장들을 관통하는 하나의 공통점이 있다. 그들은 부의 저수지가 아니라 '통로'였다는 사실이다. 그들

은 하나님이 주신 재물을 내 것이라 주장하지 않고 하나님의
뜻대로 흘려보냈다. 그때 하나님은 그 통로가 마르지 않도록
끊임없이 하늘의 물을 부어 주셨다.

이 이야기는 수천 년 전의 옛날이야기가 아니다. 어제나
오늘이나 영원토록 동일하신 하나님께서 지금 이 시대에 '믿
음과 부의 루틴'을 따라 살아갈 새로운 거장을 찾고 계신다.
아브라함의 믿음, 이삭의 순종, 야곱의 끈기, 요셉의 사명,
다윗의 헌신, 솔로몬의 지혜⋯. 이 영적 DNA가 내 안에 있
다. 이제 내가 그 바통을 이어받아 하나님이 주시는 거대한
부로 세상을 섬기는 다음 주인공이 되어야 한다.

믿음이
부자를 만든다

별책부록

김진호 김범연 지음

미다스북스

별책부록

'믿음과 부의 루틴' 5일 실천 노트

Day 1

부의 시작은
생각이다

01

마음은 부의
출발점이다

"무릇 지킬만한 것보다 더욱 네 마음을 지키라 생명의 근원이 이에
서 남이니라" (잠언 4:23)

인생을 결정하는 통제 센터, 마음

우리는 흔히 부유해지기 위해서는 외부의 조건을 바꿔야
한다고 생각한다. 더 많은 자본금 더 좋은 인맥 더 뛰어난 기
술 혹은 운이 좋은 시기 등을 찾는다. 그러나 성경은 삶의 변
화가 외부에서 오는 것이 아니라 내면 깊은 곳 마음에서 시
작된다고 단호하게 선포한다.

잠언 기자가 말하는 마음(히브리어: 레브, Leb)은 단순히 감정이 머무는 공간이 아니다. 그것은 지성, 의지, 감정 그리고 영혼이 교차하는 인격의 중심이자 삶의 통제 센터이다. 잠언 4장 23절은 "생명의 근원이 이에서 남이니라"고 기록되어 있는데 근원이라는 단어는 히브리어로 토차오트(Totsaot)이다. 이는 성(城) 밖으로 나가는 출구 혹은 물이 솟아나는 샘을 의미한다. 즉, 우리 인생에서 벌어지는 모든 사건, 성공과 실패, 부유함과 가난함은 결국 마음이라는 샘에서 발원하여 외부로 흘러나온 결과물이다.

물이 오염된 샘에서는 결코 맑은 시냇물이 흐를 수 없듯 마음속에 가난과 결핍, 두려움의 생각이 가득 차 있다면 아무리 좋은 기회가 찾아와도 그것을 부요함으로 연결할 수 없다. 반대로 마음의 샘이 믿음과 풍요로 채워져 있다면 척박한 광야 한가운데서도 길을 내고 강을 흐르게 하는 창조적인 역사가 일어난다.

믿음이 부자를 만든다

생각은 물리적 실체다: 씨 뿌리는 자의 비유

예수님께서는 마태복음 13장에서 '씨 뿌리는 자의 비유'를 통해 이 영적 원리를 더욱 구체화하셨다. 예수님은 말씀을 씨 앗에, 사람의 마음을 밭에 비유하셨다. 아무리 좋은 종자라도 돌밭이나 가시덤불에 떨어지면 결실하지 못하지만, 옥토에 떨어지면 30배, 60배, 100배의 폭발적인 증식을 일으킨다.

이것은 생각의 법칙과 정확히 일치한다. 우리의 생각은 에 너지이자 씨앗이다. 뇌과학적으로도 우리가 강렬하게 품는 생각은 뇌의 신경 회로를 물리적으로 재구성한다. "나는 안 돼. 나는 가난해"라는 부정적인 생각의 씨앗을 계속 심으면 뇌는 그 생각에 맞춰 행동을 제한하고 소극적인 태도를 취하 게 하며 결국 실패라는 열매를 맺게 한다.

반면, "하나님께서 나에게 능력을 주셨다. 나는 부요함의 통로다"라는 믿음의 씨앗을 심고 그것을 기도로 물 주며 가꾸 는 사람은 다르다. 그 생각은 옥토 같은 마음 밭에서 자라나 창의적인 아이디어를 낳고 사람을 끌어당기는 매력을 발산하며 기회를 포착하는 통찰력을 제공한다. 하나님은 이 자연 법칙을 영적인 세계에도 동일하게 적용하셨다. 오늘 내가 무심코 흘려보내는 생각 하나가 내일 내가 거두게 될 수확물이다.

아브라함의 시각화 훈련: 바라봄의 법칙

하나님은 평범한 노인이었던 아브람을 믿음의 조상 아브라함으로, 열국의 아버지로 바꾸시기 위해 가장 먼저 그의 생각과 상상력을 훈련시키셨다. 창세기 15장에서 하나님은 자녀가 없어 낙심한 아브람을 텐트 밖으로 이끌어 내셨다. 그리고 말씀하셨다.

"하늘을 우러러 뭇별을 셀 수 있나 보라 네 자손이 이와 같으리라."

하나님은 왜 굳이 캄캄한 밤에 그를 밖으로 데리고 나가셨을까? 단순히 말로 약속하실 수도 있었지만, 하나님은 아브람의 뇌리에 지워지지 않는 시각적 이미지를 심어 주길 원하셨다. 아브람은 매일 밤하늘을 볼 때마다 자신의 자손이 별처럼 빛나는 장면을 상상했을 것이다. 낮에는 바닷가의 모래를 보며 수많은 후손을 그렸을 것이다.

이것이 바로 거룩한 상상력이다. 눈앞의 현실은 늙은 육체와 불임의 아내뿐이었지만 그의 마음속 스크린에는 이미 별처럼 많은 자손이 뛰어놀고 있었다. 이 믿음의 시각화가 그의 무의식을 바꾸었고 하나님의 약속을 믿는 의가 되었으며 결국 이삭이라는 기적의 열매를 맺게 했다.

부자가 되는 것도 마찬가지다. 통장에 돈이 찍히기 전에 마음의 통장에 먼저 하나님의 풍요가 입금되어야 한다. 현실의 결핍을 바라보며 한탄하는 것은 가난을 묵상하는 것이다. 하나님은 우리가 눈을 들어 하늘의 별을 보듯 주님이 예비하신 풍요의 미래를 바라보길 원하신다. 나의 마음에 그려진 청사진만큼 하나님은 나의 삶을 건축하신다.

마음을 지키는 것이 부를 지키는 것이다

잠언 기자는 "무릇 지킬만한 것보다 더욱 네 마음을 지키라"고 호소한다. 여기서 '지키다'라는 말은 군사가 성문을 철통같이 방어하는 모습을 뜻한다. 세상은 끊임없이 우리 마음에 부정적인 메시지를 쏟아붓는다. 뉴스는 경제 위기를 말하고 주변 사람들은 "너는 안 돼"라고 속삭이며 비교 의식은 우리를 초라하게 만든다.

이것은 영적 전쟁이다. 사탄은 나의 지갑을 털어가기 전에 먼저 나의 마음속에 있는 부유함의 가능성을 훔쳐 가려고 한다. 마음이 무너지면 삶도 무너진다. 그러나 마음을 지켜 내면 다시 일어설 수 있다.

지금 나는 결단해야 한다. "내 마음을 쓰레기 하치장이 아니라 하나님의 정원으로 만들겠다"라고 말이다. 잡초(부정적인 생각)를 뽑아내고, 말씀과 믿음, 감사와 풍요의 씨앗을 심어야 한다. 내가 품은 그 고귀한 생각이 머지않아 나의 손에 쥐어질 실체가 될 것이다. 부의 시작은 통장이 아니라 바로 나의 생각이다.

02

원하는 삶을
구체적으로 그린다

오늘의 실천 과제

"너희 안에서 행하시는 이는 하나님이시니 자기의 기쁘신 뜻을 위하여 너희로 소원을 두고 행하게 하시나니" (빌립보서 2:13)

1. 삶의 비전을 언어로 건축하라

막연한 상상을 언어라는 그릇에 담을 때 꿈과 비전은 현실이 될 준비를 마치게 된다. 내가 갈망하는 풍요의 형상을 최대한 선명하게 묘사한다. 진정한 비전이란 나의 강점, 열정, 가치가 교차하는 지점에 존재한다. 미래의 내가 나아갈 방향을 명확히 정의하고 이를 달성하기 위한 담대한 목표를 문장으로 확언한다.

예시: "나는 통찰력 있는 기획과 투명한 운영을 통해 대체 불가능한 온

라인쇼핑몰 브랜드를 구축한다. 순자산 ○○○억 원의 목표를 달

성하여 개인의 안위를 넘어 사회적 책임을 다하는 존경받는 리더

이자 선한 청지기가 된다."

2. 생각의 씨앗을 생생한 실재(實在)로 키우라

　기록된 문장을 마음의 스크린에 띄워 이미 그 삶을 살고 있는 주인공이 되어 본다. 시각, 청각, 후각, 미각, 촉각의 오감(五感)을 동원해 그 순간의 공기와 감정까지 느껴야 한다. 뇌가 상상을 현실로 인식할 때 삶은 변화하기 시작한다.

　　　　　　　　　　　　　　　　　　　　믿음이 부자를 만든다

3. 성취를 확정하는 감사를 선포하라

상상의 끝에서 이루어진 현실을 향해 깊은 감사를 선포한다. 감사는 미래의 결실을 현재로 끌어당기는 강력한 자석이다.

"감사합니다. 이 모든 것은 이미 제 것이 되었습니다." (3회 반복)

03

결단을 위한 기도
: 생각(비전)

오늘의 결단

나는 오늘 하나님의 말씀 안에서
새로운 비전과 생각의 씨앗을 심는다.
그 씨앗은 상상으로 확장되고
믿음으로 자라 반드시 풍성한 열매를 맺을 것이다.

마무리 기도

주님, 제 마음을 지킬 힘을 주셔서 감사합니다.
오늘 제 안에 가난과 패배의 생각이 아닌,
믿음과 풍요의 거룩한 씨앗을 심습니다.
"네 입을 넓게 열라 내가 채우리라"(시편 81:10)는 말씀을 의지하여 담대히 비전을 그립니다.

저의 마음 밭이 옥토가 되어 주님께서 주신

모든 가능성이 100배의 결실로 나타나게 하소서.

예수님의 이름으로 기도드립니다. 아멘.

[Day 1 믿음과 부의 루틴 체크리스트]

□ 아침 (10분)

1. 오늘의 말씀과 심층 메시지 묵상하기

....

....

....

2. 비전 선언문 작성하고 오감으로 상상하기

....

....

....

3. 결단 기도 후 힘차게 하루 시작하기

□ 저녁 (10분)

1. 오늘 나를 사로잡은 '단 하나의 생각'은 무엇인가?

2. 비전의 문장이 나의 마음가짐을 어떻게 바꾸었는가?

3. 오늘의 감사 3가지 쓰기

4. 비전을 미리 누리게 하신 하나님께 감사기도 드리기

자신이 가진 가치를
인식하라

01

나는 존귀한
존재이다

*"오직 너희는 택하신 족속이요 왕 같은 제사장들이요 거룩한 나라
요 그의 소유된 백성이니 이는 너희를 어두운 데서 불러내어 그의
기이한 빛에 들어가게 하신 자의 아름다운 덕을 선전하게 하려 하
심이라"* (베드로전서 2:9)

왜곡된 자화상: 비교의 덫

현대 사회는 끊임없이 우리에게 묻는다. "당신은 얼마짜리
사람입니까?" 연봉, 아파트 평수, 자동차 브랜드, 직함, 외모
등이 한 사람의 가치를 결정하는 척도가 되어버렸다. 많은
크리스천조차 세상의 이러한 기준에 동조하며 자신의 가치

를 매긴다. 남들보다 조금 나으면 우월감에 빠지고 조금 부족하면 깊은 열등감과 패배 의식에 젖어 든다. 이것은 사탄이 파놓은 가장 치명적인 함정인 비교의 덫이다.

그러나 우리가 명심해야 할 것은 '거지 마인드로는 결코 왕의 재물을 다스릴 수 없다'라는 사실이다. 자신이 부족하고 무가치하다고 느끼는 사람은 무의식적으로 부를 밀어낸다. 설령 우연히 큰돈이 들어온다 해도 그것을 감당할 그릇이 되지 않아 곧 잃어버리게 된다. 진정한 부는 통장의 잔고가 늘어나기 전에 자신의 존재 가치에 대한 인식이 바뀔 때 비로소 시작된다.

성경이 말하는 정체성: 왕 같은 제사장

베드로전서 2장 9절은 우리의 신분을 완전히 새롭게 정의한다. 성경은 우리가 단순히 죄 용서받은 죄인 정도가 아니라 택하신 족속, 왕 같은 제사장이라고 선포한다.

· 택하신 족속: 나는 우연히 태어난 존재가 아니다. 창세전부터 하

나님의 치밀한 계획 속에 선택된 목적이 있는 존재이다.

· 왕 같은 제사장: 이것은 엄청난 신분 상승이다. 구약 시대에는
왕권과 제사장이 엄격히 분리되어 있었지만, 그리스도 예수 안
에서 우리는 이 두 가지 권세를 모두 부여받았다. 왕으로서 세
상을 다스리는 통치권과 제사장으로서 하나님과 세상을 연결
하는 축복권을 가진 존재이다.

이것이 나의 진짜 이름표이다. 나의 가치는 세상의 평가나
타인의 시선 심지어 나 자신의 감정에 좌우되지 않는다. 나
의 가치는 나를 위해 십자가에서 지불된 예수 그리스도의 핏
값으로 이미 확정되었다. 나는 우주에서 가장 비싼 값을 치
르고 산 존재이다. 이 존귀함을 깨닫는 것이 부요함의 기초
이다.

기드온의 교훈: 숨은 용사를 깨우라

사사기 6장에 나오는 기드온은 미디안의 압제 속에서 두려
움에 떨며 포도주 틀에 숨어 밀을 타작하던 소심한 사람이었
다. 그는 스스로를 "므낫세 중에 가장 약하고 아버지 집에서

가장 작은 자"라고 비하했다. 하지만 하나님의 사자가 그를
찾아와 전혀 다른 호칭으로 불렀다.

"큰 용사여 여호와께서 너와 함께 계시도다."

기드온의 현실은 겁쟁이였지만 하나님의 눈에 그는 이미
큰 용사였다. 하나님은 기드온의 현재 모습이 아니라 그가 하
나님을 만난 후 변화될 잠재력을 보신 것이다. 우리도 마찬가
지다. 지금 당장은 가진 것이 없고 실패한 것처럼 보일지라도
하나님은 우리 안에 있는 거인의 형상을 보고 계신다.

우리가 해야 할 일은 내 안의 겁쟁이를 죽이고 하나님이
부르시는 큰 용사의 정체성을 받아들이는 것이다. "나는 부
족해"라는 말은 겸손이 아니다. 그것은 하나님이 만드신 걸
작품을 비하하는 불신앙이다. 내 안에 잠들어 있는 왕의 권
위를 깨워야 한다.

부(富)는 가치를 따라 흐른다

경제학적으로 "돈은 가치를 따라 이동한다"라는 원리가 있다. 사람들은 가치 있다고 느끼는 곳에 기꺼이 돈을 지불한다. 그렇다면 나는 세상에 어떤 가치를 제공하는 사람인가?

하나님은 우리를 복사본이 아닌 원본으로 창조하셨다. 나에게는 다른 누구도 흉내 낼 수 없는 고유한 DNA, 특별한 재능, 독특한 경험이 심겨 있다. 이것이 바로 나의 달란트이자 사명이다.

부자가 되기 위해 남들을 따라 하거나 억지로 꾸며 낼 필요가 없다. 하나님이 내게 주신 고유함을 발견하고 그것을 갈고닦아 세상에 내놓을 때 세상은 나의 가치에 반응하게 된다. 내가 자신을 존귀하게 여길 때 세상도 나를 귀하게 대우한다. 내가 자신의 재능을 하나님의 선물로 인정할 때 그 재능은 세상을 섬기는 도구가 되고 그 대가로 물질적인 풍요가 따라오게 된다.

존재의 혁명이 곧 부의 혁명이다. 나는 하나님의 걸작품이다. 오늘 거울을 보며 당당하게 선포하자.

"나는 왕 같은 제사장이다. 나는 이 세상에 반드시 필요한 사람이다!"

02

나의 가치는
세상에 꼭 필요하다

오늘의 실천 과제

"우리는 그의 만드신 바라 그리스도 예수 안에서 선한 일을 위하여 지으심을 받은 자니 이 일은 하나님이 전에 예비하사 우리로 그 가운데서 행하게 하려 하심이니라" (에베소서 2:10)

1. 가치와 미션을 찾으라: 나의 오병이어(五餠二魚)

내가 존재하는 가치와 이유, 목적을 정의하고 하나님께서 내게 맡기신 고유한 사명인 나의 오병이어를 구체적으로 규명한다. 여기서 오병(다섯 개의 떡)은 현재 내가 보유한 삶의 현실적 기반을, 이어(두 마리의 물고기)는 내면과 영혼 깊은 곳에 심어 주신 거룩한 부르심과 은사를 의미한다.

· 오병(현실적 자산): 시간, 재능, 경험, 관계, 자원

· 이어(영적 자산): **열정, 은사** (하나님이 주신 특별한 선물)

----

2. 미션의 본질적 의미를 확인하라

나의 일은 타인에게 어떤 유익을 주고 있을까? 돈을 버는 수단을 넘어 선한 영향력을 정의한다.

예시: "나의 비즈니스는 낙심한 이들에게 다시 일어설 희망과 기회를 제
공한다."

----

3. 가치와 미션을 선언하라

나의 정체성에 대한 가치와 미션을 확고한 믿음으로 문장을 작성하고, 이를 매일 선포함으로써 내면을 강화한다. 말에는 창조의 힘이 있어 내가 선언하는 대로 삶이 빚어진다.

예시: "나는 세상의 결핍을 채우고 어둠을 밝히기 위해 이 땅에 보내진 필연적인 존재다."

03

결단을 위한 기도
: 가치(미션)

오늘의 결단

나는 오늘 하나님이 주신

나의 고유한 가치와 미션을 인정한다.

더 이상 세상과 비교하지 않고

주님이 내게 맡기신 달란트를 발견하여 갈고 닦겠다.

나는 하나님 나라의 영광을 위해 쓰임 받을 존귀한 자이다.

마무리 기도

주님, 제 안에 세상 그 무엇과도 바꿀 수 없는

고유한 가치와 미션을 심어 주셔서 감사합니다.

이제는 세상의 잣대가 아닌

믿음이 부자를 만든다

하나님의 시선으로 저를 바라봅니다.

제 손에 들린 오병이어가 비록 작아 보일지라도,

주님 손에 들려질 때 기적이 될 것을 믿습니다.

오늘 제 삶이 누군가에게 축복이 되게 하소서.

예수님의 이름으로 기도드립니다. 아멘.

[Day 2 믿음과 부의 루틴 체크리스트]

☐ 아침 (10분)

1. 오늘의 말씀과 심층 메시지 묵상하기

----

2. 나의 가치와 미션(오병이어) 정의하기

----

3. 정체성 선언 기도 후 하루 시작하기

_____

_____

_____

□ 저녁 (10분)

1. 오늘 발견한 나의 탁월한 강점 3가지는?

_____

_____

_____

2. 나의 일이 세상에 반드시 존재해야 하는 이유는?

_____

_____

_____

믿음이 부자를 만든다

3. 오늘의 감사 3가지 쓰기

4. 나의 가치와 사명을 깨닫게 하신 하나님께 감사기도 드리기

Day 3

믿음은 행동으로
증명된다

01

행함이 없는 믿음은
죽은 믿음이다

오늘의 말씀

"이와 같이 행함이 없는 믿음은 그 자체가 죽은 것이라" (야고보서
2:17)

믿음은 명사가 아니라 동사다

우리는 흔히 믿음을 심리적 동의나 지적 확신 정도로 오해하
곤 한다. 마음속으로 "아멘" 하고 고개를 끄덕이면 믿음이 있
다고 생각한다. 그러나 성경이 말하는 살아있는 믿음은 정적
인 상태가 아니다. 그것은 역동적인 움직임이며 위험을 감수
하는 모험이고 보이지 않는 곳을 향해 발을 내딛는 행동이다.

야고보 사도는 "행함이 없는 믿음은 죽은 것"이라고 충격적인 선언을 한다. 아무리 정교하게 만든 조화(造花)라도 생명과 향기가 없듯이 행동으로 표출되지 않는 믿음은 아무런 능력도 일으킬 수 없는 관념의 유희일 뿐이다. 부요함을 원한다고 기도하면서 아무것도 시도하지 않는다면 그것은 믿음이 아니라 망상에 가깝다.

많은 크리스천이 "하나님이 다 해 주실 거야"라는 핑계 뒤에 숨어 게으름을 합리화한다. 그러나 하나님은 우리의 손과 발을 통해 일하신다. 하나님은 감나무 아래 입 벌리고 누워 있는 자가 아니라 감나무를 심고 가꾸는 자에게 열매를 주신다.

요단강의 기적: 발을 적시는 용기

성경의 기적들은 한결같이 인간의 행동과 하나님의 능력이 만나는 접점에서 일어났다. 출애굽 당시 홍해는 하나님께서 밤새 동풍으로 물을 가르신 후에 이스라엘 백성이 건넜다. 그러나 가나안 입성 때의 요단강은 달랐다. 하나님은 여호수아에게 "제사장들이 언약궤를 메고 요단강 물에 들어서라"고 명령하셨다(여호수아 3장).

당시 요단강은 홍수기로 물이 넘쳐흐르고 있었다. 급류가 흐르는 강물에 발을 딛는 것은 죽음을 각오한 행동이었다. 물이 갈라진 뒤에 들어가는 것은 누구나 할 수 있다. 그러나 물이 여전히 흐르고 있을 때 하나님의 말씀만 믿고 발을 첨 벙하고 담그는 것이 진짜 믿음이다. 성경은 그들의 발이 물 가에 잠기자마자 흐르던 물이 끊어졌다고 기록하고 있다.

우리의 삶도 마찬가지다. 모든 조건이 완벽하게 갖춰지기 를 기다린다면(돈이 모이면, 시간이 나면, 확신이 들면) 영원히 시작 할 수 없다. 위험을 감수하는 행동이 기적의 스위치를 켠다. 완벽한 계획보다 어설픈 실행이 낫다. 하나님은 정지해 있는 자동차의 핸들을 돌리지 않는다. 우리가 움직일 때 하나님 은 방향을 조정해 주시고 가속도를 붙여 주신다.

혈루증 여인의 믿음: 접촉점이 필요하다

12년 동안 혈루증을 앓던 여인은 예수님이 지나가신다는 소문을 들었다. 그녀는 마음속으로 "예수님이라면 나를 고치실 수 있어"라고 생각만 하지 않았다. 그녀는 군중을 뚫고 들어가는 행동을 감행했다. 사람들에게 발각되면 돌에 맞을 수도 있는 부정한 몸이었지만 그녀는 필사적으로 손을 뻗어 예수님의 옷자락을 만졌다.

그 순간 예수님은 "내게서 능력이 나갔다"라고 말씀하셨다. 수많은 군중이 예수님과 몸을 부대끼고 밀쳤지만, 기적을 경험한 사람은 오직 믿음으로 행동한 이 여인뿐이었다.

나의 비전과 미션도 접촉점이 필요하다. 아이디어만 가지고 있어서는 아무 일도 일어나지 않는다.

"사업을 꿈꾼다면 사업자 등록을 하라."
"작가를 꿈꾼다면 오늘 한 줄의 글을 쓰라."
"부자를 꿈꾼다면 단돈 만 원이라도 종잣돈 통장에 넣어라."

그 작은 행동이 예수님의 옷자락을 만지는 믿음의 손길이 된다.

믿음이 부자를 만든다

운동에너지의 법칙: 실행이 답이다

물리학에 '관성의 법칙'이 있다. 정지해 있는 물체는 계속 정지해 있으려 하고 움직이는 물체는 계속 움직이려고 한다. 시작이 가장 힘든 이유는 정지 마찰력이 가장 크기 때문이다. 하지만 일단 바퀴가 구르기 시작하면 적은 힘으로도 계속 나아갈 수 있는 가속도가 붙는다.

성공한 사람들과 부자들의 공통점은 실행력이다. 그들은 고민하는 시간에 시도한다. 실패를 두려워하지 않는 것이 아니라 시도하지 않으므로 인해 후회하는 것을 더 두려워한다.

지금 내가 미루고 있는 "그 한 가지 일은 무엇일까?" 완벽주의라는 가면을 쓴 두려움을 벗어버려야 한다. 하나님은 나의 성공을 보장하시기보다 나의 순종을 기뻐하신다. 내가 한 걸음을 내디딜 때 하나님은 열 걸음을 다가오신다. 믿음은 명사가 아니라 동사이다. 지금 움직여라.

02

실행 전 성공한 모습을
시각화한다

"이는 우리가 믿음으로 행하고 보는 것으로 하지 아니함이로라"(고

린도후서 5:7)

1. 믿음을 실행의 언어로 번역하라

거창한 계획에 압도되지 말고 비전과 미션을 향해 오늘 당
장 시작할 수 있는 작고 구체적인 행동 하나를 결정하고 실
행한다.

예시: "아이디어 메모하기, 멘토에게 연락하기, 관련 서적 10페이지 읽

기, 상품 기획안 초안 작성 등."

2. 성취의 순간을 감각적으로 리허설하라

행동하기 전, 눈을 감고 성공적으로 그 일을 마친 모습을 시뮬레이션해 본다. 오감을 통해 성취의 기쁨과 보람을 미리 맛볼 때 우리의 행동은 과감하고 정교해진다.

. 시각: 목표를 달성한 나의 당당한 표정과 변화된 주변 환경을 본다.

. 청각: 사람들의 축하 인사 그리고 나 자신에게 들려주는 칭찬의 목소리를 듣는다.

. 촉각: 성공이 주는 묵직한 안정감 그리고 성취의 질감을 온몸으로 느낀다.

. 후각·미각: 승리의 순간에 흐르는 공기의 냄새와 분위기까지 음미해 본다.

. 감정: "나는 이미 그 자리에 있다." 결과를 확신하는 사람만이 누

릴 수 있는 깊은 기쁨과 평안을 만끽한다.

---

3. 믿음의 선언과 함께 첫발을 떼라

행동은 믿음의 증거이다. 나의 작은 움직임이 위대한 결과를 낳을 것을 의심치 않으며 마음속으로 단단히 선언하며 시작한다.

"하나님, 저는 지금 믿음으로 이 일을 시작합니다. 저의 작은 시작이 주님의 뜻 안에서 풍성한 열매가 될 것을 확신합니다."

03

결단을 위한 기도
: 행동

오늘의 결단

나는 오늘 믿음을 행동으로 옮기기로 결단한다.

작은 행동일지라도 하나님께서 그것을 사용하셔서

큰 기적을 만드실 것을 믿는다.

나는 두려움을 넘어 믿음의 발걸음을 내딛는 실행가이다.

마무리 기도

주님, 제 안에 주신 믿음이 관념에 머물지 않고

살아있는 행동이 되게 하소서.

실패에 대한 두려움으로 머뭇거리는 발을 붙잡아 주시고,

불확실함 속에서도 말씀을 의지하여

한 걸음을 내딛게 하소서.

저의 작은 순종 위에 주님의 위대한 능력이

임할 것을 믿습니다.

예수님의 이름으로 기도드립니다. 아멘.

[Day 3 믿음과 부의 루틴 체크리스트]

□ 아침 (10분)

1. 오늘의 말씀과 심층 메시지 묵상하기

2. 오늘 실행할 작은 행동 하나를 정하고 시각화하기

3. 믿음의 선언과 기도 후 실행하기

□ 저녁 (10분)

1. 오늘 내가 실행한 믿음의 행동은 무엇인가?

----

2. 오늘의 작은 행동이 내 믿음을 어떻게 증명했는가?

----

3. 오늘의 감사 3가지 쓰기

....

....

....

4. 성공의 장면을 담대한 실행으로 옮기게 하신 하나님께 감사기

   도 드리기

....

....

....

믿음이 부자를 만든다

이미
이루어졌다고 믿으라

01

믿음은 현실로
만드는 힘이다

"믿음은 바라는 것들의 실상이요 보지 못하는 것들의 증거니" (히브

리서 11:1)

믿음은 등기권리증이다

히브리서 11장 1절은 믿음에 대한 가장 완벽한 정의를 내리고 있다. 여기서 실상이라고 번역된 헬라어 휘포스타시스(Hypostasis)는 법률적 용어로 권리증서 혹은 등기 문서를 뜻한다. 즉, 믿음은 단순히 "잘될 거야"라고 바라는 막연한 희망 사항이 아니라 내가 소유한 땅의 집문서와 같이 확실한 소유의 증거라는 것이다.

예를 들어 내가 온라인으로 물건을 주문하고 결제까지 마쳤다고 가정해 보자. 아직 택배 상자는 내 손에 도착하지 않았다. 하지만 나는 그 물건이 내 것이라고 확신한다. 이미 값을 지불했고 주문이 완료되었기 때문이다. 믿음이 바로 이와 같다. 기도는 주문이고 예수님의 이름은 결제이며 믿음은 배송 조회 화면이다.

눈에 보이지 않아도, 손에 잡히지 않아도, 믿음이 있는 사람은 불안해하지 않는다. 영적인 세계에서는 이미 거래가 완료되었음을 알기 때문이다. 많은 사람이 "보여 주면 믿겠다"라고 말한다. 하지만 영적 법칙은 정반대이다.

"믿으면 보게 된다."

시간을 초월하는 믿음의 힘

우리는 과거, 현재, 미래의 3차원 시간 속에서 살고 있다. 하지만 믿음은 4차원의 영적 세계에 속한 능력으로 시간을 초월한다. 믿음은 먼 미래에 있는 복을 지금 여기로 끌어당겨 사용하는 힘이다.

사도 바울은 로마서 4장에서 아브라함의 믿음을 설명하며 "하나님은 없는 것을 있는 것으로 부르시는 분"이라고 묘사한다. 아브라함은 이삭이 태어나지 않았을 때의 현실은 자식이 없는 노인이었지만 하나님의 시간 속에서 그는 이미 수많은 민족의 조상이었다.

이것이 이미 이루어짐의 영성이다. 예수님께서 십자가 위에서 "다 이루었다"라고 선언하셨을 때 우리의 구원뿐만 아니라 가난과 저주로부터의 해방도 완성되었다. 우리는 승패를 모른 채 싸우는 자들이 아니다. 이미 이겨 놓은 싸움을 확인하러 가는 자들이다. 나의 부, 건강, 사명 성취는 하나님의 보물 창고에 이미 준비되어 있다.

엘리야의 기도: 빗소리를 듣는 귀

열왕기상 18장에서 엘리야 선지자는 3년 반 동안의 가뭄 끝에 비가 올 것을 예언한다. 당시 하늘은 여전히 맑았고 구름 한 점 없었다. 하지만 엘리야는 아합왕에게 "올라가서 먹고 마시소서 큰비의 소리가 있나이다"라고 말한다.

아무런 징조도 없었지만, 엘리야의 믿음의 귀에는 이미 장대비가 쏟아지는 소리가 들렸던 것이다. 그는 산꼭대기에 올라가 머리를 무릎 사이에 넣고 간절히 기도했다. 여섯 번을 확인해도 아무 변화가 없었지만, 일곱 번째에 사람의 손만 한 작은 구름이 보이자, 그는 확신했다. 그리고 곧 큰비가 쏟아졌다.

부자는 돈 냄새를 잘 맡는다고 한다. 영적인 부자는 축복의 소리를 먼저 듣는 사람이다. 통장이 비어 있어도, 사업이 어려워도, 믿음의 사람은 절망하지 않는다. 영 안에서 이미 쏟아지는 풍요의 빗소리를 듣기 때문이다. 이 내면의 확신이 있는 사람은 환경에 휘둘리지 않고 담대하게 나아갈 수 있다.

가진 자처럼 행동하라

"무엇이든지 기도하고 구하는 것은 받은 줄로 믿으라 그리하면 너희에게 그대로 되리라"_(마가복음 11:24)는 말씀의 핵심은 받을 줄로_(미래형)가 아니라, 이미 '받은 줄로_(과거 완료형)' 믿는 것이다.

소원하던 것이 이미 이루어졌다면 나의 태도는 어떻게 변할까?

"불안해하며 전전긍긍할까? 아니면 여유롭고 평안할까?"
"인색하게 굴까? 아니면 넉넉하게 베풀까?"
"어깨를 늘어뜨리고 다닐까? 아니면 당당하게 걸을까?"

믿음의 완성은 태도의 변화이다. 진짜 믿는다면 나의 표정과 말투, 걸음걸이가 바뀌어야 한다. 부자가 되고 싶다면 마음으로 먼저 부자의 여유와 품격을 입어야 한다. 결핍의 파동을 내보내면 결핍이 끌려오고 풍요의 파동을 내보내면 풍요가 끌려온다. "나는 이미 가졌다"라는 당당함으로 오늘을 살아야 한다. 현실은 결국 나의 믿음을 따라오게 되어 있다.

02

이미
이루어졌음을 선언한다

오늘의 실천 과제

"너희가 기도할 때에 무엇이든지 믿고 구하는 것은 다 받으리라 하
시니라" (마태복음 21:22)

1. 믿음의 선언을 명상하라

내면의 소음을 잠재우고 3분간 고요히 눈을 감아 영적 실
재를 마주한다. 반복은 확신을 낳는다. 단순한 암기가 아닌
문장 하나하나가 내 영혼에 스며들어 완전히 하나가 될 때까
지 마음속으로 깊이 선포한다.

예시: "이미 이루어졌습니다. 나는 지금 하나님께서 예비하신 풍요와 은

혜의 바다 한가운데 거하고 있습니다."

2. 미래를 현재로 소환하라

갈망하는 삶을 이미 도래한 현실의 언어로 종이에 새긴다.
되고 싶다는 결핍의 언어를 버리고, '되어 있다'라는 성취의
언어를 사용할 때 미래는 현재로 당겨진다. 펜 끝으로 나의
믿음을 확증한다.

예시: "나의 일터는 이미 놀라운 성과로 빛나고 있으며, 만나는 모든 이
에게 은혜가 흘러가고 있다."

믿음이 부자를 만든다

3. 가진 자의 품격으로 행동하라

이미 받은 사람처럼 생각하고, 말하고, 움직인다. 조급함 대신 가진 자의 여유와 평안을 선택하는 나의 태도가 미래를 현실로 끌어당긴다.

03

결단을 위한 기도
: 믿음 선포

오늘의 결단

나는 오늘 믿음으로 "이미 이루어졌다"라고 선포한다.
나의 현재는 하나님의 약속 안에서 이미 완성된 미래다.
나는 두려움 대신 믿음을 선택하며
이미 주신 풍요를 누리며 살아간다.

마무리 기도

주님, 믿음의 눈을 열어 주셔서 감사합니다.
육신의 눈에는 보이지 않으나
영의 눈으로 이미 이루어진 복을 보게 하시니 감사합니다.
제가 입술로 선포하는 모든 말이 현실이 되게 하시고,

믿음이 부자를 만든다

"받은 줄로 믿으라"고 하신 말씀대로

오늘을 승리자로 살게 하옵소서.

예수님의 이름으로 기도드립니다. 아멘.

[Day 4 믿음과 부의 루틴 체크리스트]

□ 아침 (10분)

1. 오늘의 말씀과 심층 메시지 묵상하기

....

....

....

2. '이미 이루어졌다' 3분 명상 및 성취문 기록하기

....

....

....

3. 가진 자의 여유를 가지고 기도로 하루 시작하기

□ 저녁 (10분)

1. "이미 이루어졌다"라고 선포하는 순간 내 감정은 어떻게 변했는가?

---

2. 오늘 내 태도에서 발견한 긍정적 변화 3가지는?

믿음이 부자를 만든다

3. 오늘의 감사 3가지 쓰기

....

....

....

4. 미래의 복을 오늘의 현실로 앞당겨 주신 하나님께 감사기도 드
   리기

....

....

....

Day 5

감사는 창조의
문을 연다

01

감사는
하나님의 뜻이다

오늘의 말씀

"범사에 감사하라 이는 그리스도 예수 안에서 너희를 향하신 하나

님의 뜻이니라" (데살로니가전서 5:18)

감사는 반응이 아니라 창조다

일반적으로 사람들은 좋은 일이 생겼을 때 반응으로 감사
한다. 선물을 받았을 때, 승진했을 때, 돈을 벌었을 때 하는
감사는 누구나 할 수 있는 자연스러운 감정이다. 그러나 성
경이 명하는 '범사(모든 일)에 감사'는 차원이 다르다. 이것은
조건에 대한 반응이 아니라 상황을 변화시키는 능동적인 창
조 행위이다.

감사는 단순한 예의나 도덕적 덕목이 아니다. 영적인 세계에서 감사는 문(門)과 같다. 원망과 불평은 닫힌 문이다. 이스라엘 백성은 광야에서 끊임없이 불평하다가 약속의 땅을 눈앞에 두고도 들어가지 못했다. 반면, 감사는 닫힌 하늘 문을 열고 막힌 담을 허무는 영적 마스터키이다.

하나님은 우리가 고난 중에도 감사하기를 원하신다. 우리를 맹목적인 순종으로 몰아넣기 위함이 아니다. 내가 감사할 때 나의 시선이 문제에서 하나님께로 옮겨지기 때문이다. 감사는 "이 상황보다 하나님이 더 크십니다"라는 최고의 신앙고백이다. 이 고백 위에 하나님은 일하신다.

오병이어의 비밀: 감사가 기적을 낳는다

예수님께서 보리떡 다섯 개와 물고기 두 마리로 5천 명을 먹이신 기적의 현장을 보자(요한복음 6장). 수많은 군중 앞에 놓인 것은 턱없이 부족한 어린아이의 도시락뿐이었다. 제자들은 "이것으로 무엇을 하겠습니까?"라며 계산하고 불평했다.

믿음이 부자를 만든다

하지만 예수님은 그 작고 초라한 음식을 들고 축사(감사기도)하셨다. 놀랍게도 기적은 떡이 5천 개로 불어난 뒤에 감사한 것이 아니라 부족한 상태에서 감사했을 때 시작되었다. 감사가 떼어지는 순간 떡은 계속해서 불어났다.

이것이 선취(先取) 감사의 위력이다. 부족함을 보고 원망하면 있는 것마저 빼앗기지만 부족함 속에서도 감사를 심으면 그것이 씨앗이 되어 풍성한 숲을 이룬다. 나의 재정 상태가 오병이어처럼 초라한가? 불평을 멈추고 그것을 들어 하나님께 감사하라. "주님, 이것이라도 주셔서 감사합니다." 그 고백이 기적의 증폭 장치가 된다.

나사로의 무덤 앞에서: 미리 감사하라

예수님은 죽은 나사로의 무덤 앞에서도 동일한 원리를 보여 주셨다. 돌무덤을 향해 서신 예수님은 나사로가 걸어 나오기 전에 먼저 이렇게 기도하셨다.

"아버지여 내 말을 들으신 것을 감사하나이다." (요한복음 11:41)

아직 시체는 썩은 냄새를 풍기고 있었고 아무런 변화도 없었지만, 예수님은 하나님이 응답하셨음을 믿고 과거 완료형으로 감사했다. 그리고 "나사로야 나오라"고 명령하자 죽은 자가 살아났다.

가장 높은 수준의 믿음은 미리 하는 감사이다. 응답을 받은 후에는 누구나 감사할 수 있다. 그러나 응답이 오지 않았을 때 미리 감사하는 것은 하나님을 전적으로 신뢰한다는 증거이다. 나의 비전이 아직 무덤 속에 있는 것 같은가? 돌문을 향해 미리 감사하자. 나의 선제적인 감사가 죽어있는 비전을 생명으로 불러낼 것이다.

언어의 온도를 바꾸면 환경이 바뀐다

감사는 영적인 공기청정기와 같다. 불평과 원망은 영적 대기를 오염시키고 마귀가 활동하기 좋은 어둡고 습한 환경을 만든다. 반면, 감사는 영적 대기를 맑고 밝게 정화하여 성령님이 일하시기 좋은 환경을 조성한다.

언어에는 온도가 있다. 차가운 비판과 불평의 말은 관계를 얼어붙게 하고 돈을 쫓아낸다. 따뜻한 감사의 말은 사람의 마음을 녹이고 복을 끌어당긴다. 유대인 속담에 "감사할 줄 아는 사람에게는 장미가 주어지지만, 감사할 줄 모르는 사람에게는 가시만 남는다"라는 말이 있다.

오늘 하루, 의지적으로 입술의 언어를 통제하라. 상황이 좋지 않아도 "그래도 감사합니다", "이 일을 통해 더 좋은 것을 주실 줄 믿고 감사합니다"라고 선포하라. 감사는 고통을 해석하는 관점을 바꾸고 고난을 복의 재료로 변화시키는 연금술이다. 감사가 넘치는 곳에 결핍은 머물 수 없다. 감사는 풍요의 문을 여는 가장 확실한 열쇠이다.

02

이루어진 미래를
감사한다

*"또 무엇을 하든지 말에나 일에나 다 주 예수의 이름으로 하고 그를
힘입어 하나님 아버지께 감사하라"* (골로새서 3:17)

1. 현재의 소유를 재조명하라

지금 내가 누리고 있는 10가지를 찾아 감사의 자산으로 기록한다. 우리는 없는 것을 세는 데 익숙하지만, 부자는 이미 가진 것을 세는 데 능숙하다. 건강, 가족, 일터, 나를 찾는 고객, 스쳐 가는 작은 기회, 배움의 순간 등 사소해 보이는 일상에 숨겨진 보석을 발굴해 적어 본다. 그것이 더 큰 복을 담을 그릇이 된다.

2. 미래를 감사로 앞당겨라

아직 이루어지지 않은 목표를 이미 받은 선물처럼 감사기도로 기록한다. 믿음은 시간을 초월한다. 미래의 성취를 현재로 가져오는 가장 강력한 방법은 미리 감사하는 것이다. 나의 비즈니스와 삶에 일어날 기적을 확신하며 선포한다.

예시: "주님, 제 사업장에 넘치는 풍요와 충성된 고객을 보내 주심에 감사합니다. 우리 기업이 세상에 선한 영향력을 흘려보내게 하시니 감사합니다."

3. 언어의 온도를 바꾸라

오늘 하루, 입술의 언어를 철저히 감사로 채운다. 불평을 삼키고 그 자리를 감사로 채울 때 나를 둘러싼 영적 환경이 변하기 시작한다. 부정적인 상황조차 감사의 재료로 바꿀 때 문제는 기회로 역전된다.

03

결단을 위한 기도
: 감사

나는 오늘 원망 대신 감사를 선택한다.

감사는 하나님의 뜻이며 감사는 창조의 문을 연다.

내가 감사하는 순간 내 삶에

새로운 가능성과 은혜가 흘러넘치게 된다.

마무리 기도

주님, 모든 순간에 감사할 수 있는

믿음을 주셔서 감사합니다.

부족함을 세기보다 이미 주신 은혜를 기억하게 하소서.

아직 제 손에 잡히지 않은 미래의 복도 믿음으로

미리 감사하오니,

그 감사가 제 삶의 문을 열어

하늘의 풍요가 흘러넘치게 하옵소서.

예수님의 이름으로 기도드립니다. 아멘.

[Day 5 믿음과 부의 루틴 체크리스트]

□ 아침 (10분)

1. 오늘의 말씀과 심층 메시지 묵상하기

---

2. 현재의 감사 10가지와 미래 감사기도 기록하기

---

3. 입술의 말을 감사로 채우기로 결단 기도하고 하루 시작하기

□ 저녁 (10분)

1. 오늘 새롭게 찾아낸 놓치고 있던 복은 무엇인가?

2. 감사로 미리 확정한 나의 미래 모습은?

3. 오늘의 감사 3가지 쓰기

4. 믿음과 부의 루틴을 완성해 주신 하나님께 감사기도 드리기

믿음이 부자를 만든다

04

5일 루틴
7번 반복하기

"게으른 자여 개미에게로 가서 그 하는 것을 보고 지혜를 얻으라 개미는 두령도 없고 간역자도 없고 주권자도 없으되 먹을 것을 여름 동안에 예비하며 추수 때에 양식을 모으느니라" (잠언 6:6~8)

왜 5일씩 7번인가?

심리학적으로 습관이 형성되는 최소 시간은 21일이지만 그것이 몸과 영혼에 완전히 각인되어 새로운 운명이 되기 위해서는 더 깊은 임계점이 필요하다.

· 5일: 하나님의 은혜가 나의 생각(비전), 가치(미션), 행동, 믿음(선포), 감사로 흘러가는 주기
· 7번: 성경에서 7은 완전함과 성취를 상징하는 숫자

· 35일: 나의 의식, 감정, 행동이 믿음과 부의 시스템으로 완전히
  재프로그래밍되는 시간

이 믿음과 부의 루틴을 7주간 반복할 때 나의 의식적인 노력을 넘어 무의식까지 믿음으로 반응하고 부요함을 끌어당기는 부의 체질로 변화된다. 성경의 역사가 증명하듯 하나님께서 주신 비전은 하나님의 시간(카이로스)에 반드시 성취된다. 그러므로 나의 '비전(씨앗)이 눈앞의 진정한 현실이 될 때까지' 이 거룩한 루틴을 멈추지 말고 지속해야 한다.

[35일 실천 진행표]

(매일 아침, 저녁 루틴을 완수하고 승리의 표시로 체크한다.)

주차	Day 1 생각(비전)	Day 2 가치(미션)	Day 3 행동	Day 4 믿음(선포)	Day 5 감사
1주, 씨앗 심기	☐	☐	☐	☐	☐
2주, 뿌리 내리기	☐	☐	☐	☐	☐
3주, 싹 트기	☐	☐	☐	☐	☐
4주, 줄기 자라기	☐	☐	☐	☐	☐
5주, 잎이 무성해지기	☐	☐	☐	☐	☐
6주, 꽃이 피기	☐	☐	☐	☐	☐
7주, 열매 맺기	☐	☐	☐	☐	☐

믿음이 부자를 만든다

1. 이 여정을 통해 내 삶과 내면에서 일어난 구체적 변화 3가지는

   무엇인가?

---

2. 앞으로 평생 지속할 나만의 '거룩한 루틴' 1가지는 무엇인가?

---

3. 하나님께 영광 돌리는 삶에 대한 나의 다짐은 무엇인가?

....

....

....

"사람이 마음으로 자기의 길을 계획할지라도 그 걸음을 인도하는

자는 여호와시니라" (잠언 16:9)

믿음이 부자를 만든다

"사람이 마음으로 자기의 길을 계획할지라도
그 걸음을 인도하는 자는 여호와시니라"

- 잠언 16:9